UNE ÉCOLE QUI PEUT MIEUX FAIRE

Monique Canto-Sperber

UNE ÉCOLE QUI PEUT MIEUX FAIRE

Albin Michel

Ouvrage publié sous la direction d'Hélène Monsacré

Introduction

La réforme de l'école publique est à l'ordre du jour. En matière de performances scolaires, nos écoles se situent dans la moyenne basse des pays européens et elles ont le triste privilège d'être parmi les plus inégalitaires de tous les pays de l'Organisation de coopération et de développement économiques [OCDE].

Le nombre des élèves a considérablement augmenté dans les dernières décennies, le public scolaire est de plus en plus hétérogène et les relations familiales, la nature de l'autorité et les moyens de communication sont très différents de ce qu'ils étaient. Mais la question demeure : pourquoi l'école française n'a-t-elle pas pu s'adapter à ce contexte nouveau, comme l'ont fait celles des autres pays européens ?

On cite souvent le sarcasme d'Hippolyte Taine, philosophe et historien français de la seconde moitié du XIXe siècle, se moquant d'un ministre de l'Instruction publique du Second Empire ravi de constater que : « À cette heure, dans telle classe, tous les élèves de l'Empire expliquent telle page de Virgile. » Mais de quoi Taine se moquait-il ? De la jouissance médiocre que beaucoup éprouvent à rendre le monde uniforme dans la salle de classe comme dans la société ? De l'illusion d'efficacité d'un système réglé dans ses moindres détails ? De la bêtise de vouloir transformer les lycéens en automates qui, tels des poulets en batterie, se verraient tous en même temps, dans toutes les classes de France, nourris des mêmes vers de Virgile ?

Un siècle et demi est passé ; nous nous moquons toujours de pareilles illusions, et avec encore plus de raisons. De nombreux travaux de recherche, l'observation et l'expérience ont montré qu'apprendre, ce n'est pas absorber des connaissances mais les assimiler pour comprendre le monde, la personnalité de l'élève jouant en cela un rôle non négligeable. De plus, nul ne se représenterait aujourd'hui le système scolaire comme un alignement de pupitres. Quand nous pensons au lycée, au collège ou à l'école, nous voyons un bâtiment, des salles de classe, un nom, un quartier, une fréquentation, une tradition, et surtout des camarades : on va à l'école des Alouettes dans le XIXe arrondissement de Paris ou au lycée Fermat à Toulouse, et là on est instruit en groupe, au sein d'une cohorte d'élèves qui travaillent ensemble. Enfin, et c'est l'essentiel, on ne peut ignorer le rôle majeur des enseignants. C'est d'eux qu'on se souvient, ce sont eux qui peuvent faire aimer une matière, créer une vocation.

Et pourtant, en dépit de ces transformations, les écoles, les lycées d'aujourd'hui sont-ils au fond si différents de ceux que critiquait Taine ? Malgré le souci des élèves qu'on voudrait mettre au « centre du système », malgré la reconnaissance du rôle des enseignants et l'attachement à la singularité de chaque établissement, l'éducation publique française ne pourrait-elle pas susciter des railleries semblables ? Certes aucun élève n'étudie plus Virgile en classe, mais l'uniformité est souvent de mise dans les établissements français, bien au-delà de l'obligation faite à tous les enseignants de suivre un même programme national.

Aujourd'hui encore, tous les élèves de 4e, au même moment de l'année, en cours d'histoire, apprennent la Révolution française, au sein d'une classe que les enseignants ne peuvent pas organiser en groupes de niveau et dont les principes d'organisation sont supervisés par des comités techniques spéciaux départementaux, présidés par un délégué du recteur d'Académie. Les enseignants n'ont pas la possibilité de regrouper plusieurs classes pour certains enseignements ou d'enseigner avec un collègue afin que l'un ou l'autre puisse intervenir dès qu'un élève ne suit plus, surtout lorsqu'il s'agit d'apprentissages fondamentaux. Ils ne disposent pas non plus de beaucoup de marges de manœuvre pour appliquer des techniques d'enseignement qui leur paraîtraient mieux adaptées au contexte. Tout au contraire, on leur enjoint d'enseigner de telle ou telle façon, par exemple à l'école primaire : faire chaque jour « quinze minutes de dictée et de calcul mental ainsi que deux exercices d'écriture », utiliser tel manuel de lecture[1], ne pas avoir recours à des photocopies, voire se servir du crayon à papier au lieu du stylo-bille. Et pourtant, dans les écoles primaires publiques, les enseignants sont censés disposer d'une grande liberté pédagogique, à condition de respecter les programmes.

Surtout, les enseignants d'aujourd'hui sont toujours affectés dans une école sans l'avoir choisie, sans qu'on les ait interrogés sur ce qu'ils pensent du « projet pédagogique », comme on le désigne désormais, de l'établissement qu'ils vont rejoindre, et alors qu'ils ignorent tout de l'équipe dans laquelle ils vont exercer leur métier. Une fois en poste, ils n'auront guère la possibilité d'élaborer avec leurs collègues une stratégie éducative propre à leur lieu d'enseignement, de l'expliciter et de la revendiquer en toute responsabilité. On salue leur ambition, mais nul ne se préoccupe de savoir s'ils pourront travailler en équipe ou s'ils recevront au cours de leur carrière une formation complémentaire.

Enfin l'établissement scolaire, si présent dans la mémoire de chaque ancien élève, ne peut ni recruter ses professeurs, ni répartir comme il l'entend les enseignements, ni même moduler les domaines d'intervention de ses responsables ; il ne peut pas davantage impliquer comme il le souhaite les parents d'élèves, nouer des partenariats avec des associations ou des structures philanthropiques qui pourraient, par exemple, venir en aide aux élèves les plus défavorisés.

Pourtant, une seule obligation s'impose aux directeurs, aux enseignants et aux établissements : enseigner un *curriculum* commun et faire en sorte que les élèves le maîtrisent. Une telle obligation ne signifie aucunement que ce *curriculum* doive être enseigné partout de la même façon. Avec plus de souplesse, d'adaptation et de possibilités d'initiatives, responsables de l'établissement et enseignants réaliseraient sans doute mieux leur mission : donner la meilleure formation possible à tous les enfants.

Les écoles françaises sont parmi les moins autonomes d'Europe[2]. Même si les enseignants français ont un peu plus de liberté pédagogique depuis une vingtaine d'années, même si les élèves font aujourd'hui l'objet d'une attention accrue, même si les établissements scolaires ont été dotés en 1985 d'un statut juridique et d'un conseil, même si le système scolaire s'est peu à peu adapté aux réalités sociales et économiques de notre époque, il laisse encore trop peu de place aux initiatives des professeurs et aux projets singuliers des établissements.

Pourquoi le déplorer ? De nombreux Français, nostalgiques de l'école d'autrefois, ne se réjouissent-ils pas qu'on applique encore et partout dans nos écoles les mêmes méthodes d'enseignement et que toutes les classes soient composées de la même façon ? Ne considèrent-ils pas que c'est une garantie d'efficacité, donnant l'assurance que tous les élèves seront traités de manière égale, alors que des écoles autonomes seraient très différentes les unes des autres, ce qui entraînerait des risques sérieux d'inégalité ?

L'école publique française a été façonnée par l'histoire. Elle est l'incarnation de la belle et nouvelle idée d'une éducation nationale revendiquée par la Révolution française : une même éducation pour toute la nation[3]. Le système éducatif, reconstruit pièce par pièce pendant la Révolution puis l'Empire, s'est alors trouvé placé sous la férule de l'État, puisque c'était là le meilleur moyen de forger une nation unie. Conformément au vœu des révolutionnaires, ce nouveau système a progressivement remplacé la juxtaposition d'écoles qui, créées à l'initiative des communes, des associations religieuses et des mécènes, avaient jusque-là pris en charge l'éducation des Français : ces écoles, toutes différentes et présentant une abondance de particularismes propres à l'Ancien Régime, incarnaient précisément les privilèges avec lesquels la Révolution avait voulu rompre.

Dans ce moment de réformes radicales, le pilotage direct du système éducatif par l'État, exercé de la même façon sur tous les établissements, paraissait garantir le caractère national de l'éducation. Mais aujourd'hui, l'efficacité et l'assurance d'égalité attendues du système scolaire, qui ont depuis l'époque napoléonienne justifié que la puissance publique s'en occupât, ne sont plus au rendez-vous. Les résultats de l'école française n'ont cessé de se détériorer et la promesse d'égalité qu'elle portait ne correspond plus à la réalité, puisqu'elle est devenue l'une des plus inégalitaires d'Europe, l'une des moins aptes à faire réussir les élèves défavorisés.

Au milieu du XIXe siècle, le nombre d'enfants scolarisés était plus restreint, et l'efficacité du système scolaire avérée, grandement favorisée par le sérieux de formation élémentaire des élèves et l'homogénéité sociale et culturelle qui existait entre eux (presque tous venaient de la bourgeoise cultivée, surtout urbaine, et étaient de culture française). Rien de comparable avec la situation d'aujourd'hui : environ 20 % des élèves ne maîtrisent ni la lecture ni l'écriture à leur entrée en 6e, tandis que 60 % des bacheliers, surtout issus de milieux défavorisés, ne seront pas en mesure d'obtenir leur licence en trois ans. La scolarisation de masse n'a pas été accompagnée d'une réussite de masse.

Ce constat est à lui seul une raison de s'alarmer. C'est pourquoi il est temps de revoir radicalement le mode de fonctionnement de notre système éducatif et en particulier la méthode selon laquelle il est organisé.

La thèse défendue dans les pages qui suivent est qu'une autonomie accrue laissée aux établissements scolaires et aux enseignants, et plus spécifiquement l'octroi de marges de manœuvre en matière de stratégie et de moyens pédagogiques, est la première mesure à mettre en œuvre pour remédier aux insuffisances de l'école, selon un esprit d'« initiative libérale » bien ancré dans la tradition républicaine et ardemment défendu par les créateurs du système éducatif dès la fin du XIXe siècle, dans les premiers temps de la IIIe République.

Je le montrerai en rappelant l'histoire de l'idée d'autonomie au sein du système scolaire français, mais aussi en soulignant que l'éducation ne relève pas seulement de l'État, car la société y contribue en partie. On éduque les enfants pour qu'ils deviennent des individus autonomes dans le monde social où ils vont vivre et travailler, et pas seulement des citoyens français ; c'est pourquoi l'État ne peut plus être le seul responsable de l'éducation. À l'appui de ces thèses, je citerai de nombreux exemples, en France et à l'étranger, en Suède, aux États-Unis, en Angleterre, où différentes formes d'autonomie ont été mises en œuvre et ont même, dans certains cas, été à l'origine de réformes d'envergure du système éducatif. Ils montrent que le fait d'accorder une large autonomie aux établissements scolaires a un effet positif sur les performances des élèves, du moins si certaines conditions sont respectées. J'analyserai ces cas en détail afin d'en retenir le meilleur dans la perspective d'une réforme du même type dans notre pays.

Plus encore : j'expliquerai pourquoi, en dépit d'une réflexion approfondie menée à la fin du XIXe siècle sur les bienfaits de l'autonomie scolaire, en dépit aussi des vigoureux plaidoyers de ceux qui étaient alors ministres de l'Instruction publique, le principe d'autonomie fut progressivement oublié. Dans les années 1960, au moment où sont arrivés dans le système scolaire des élèves de plus en plus nombreux, où l'on construisait « un lycée par jour », le « choc démographique » a remis en selle une gestion centralisée et uniforme de l'Éducation nationale. Furent alors remisées pour un long moment les premières velléités d'autonomie dans l'organisation de l'enseignement. Toutefois, le paradoxe est qu'au même moment s'amorçait aussi une prise de conscience politique sur les bienfaits de l'autonomie (que traduiront à partir des années 1980 plusieurs propositions législatives) et se répandaient dans la société les idées d'autogestion, d'expérimentation et de pédagogies alternatives.

L'autonomie scolaire que je défends dans cet ouvrage ferait que nos écoles resteraient ce qu'elles sont aujourd'hui, du moins pour l'essentiel, avec un programme national et des enseignants, fonctionnaires de l'État. Elles garderaient toutes les caractéristiques et les valeurs du système public français : elles souscriraient à des buts de formation communs, définis par l'État, et appliqueraient un calendrier scolaire uniforme.

La différence majeure serait que, parmi les établissements scolaires, ceux qui le souhaitent pourraient devenir des établissements autonomes publics, dotés d'un contrat d'objectifs et de gestion conclu entre les autorités publiques et leurs responsables, un contrat beaucoup plus ambitieux que ne l'est l'actuel projet d'établissement[4]. Les marges de manœuvre de ces établissements autonomes auraient trait à la définition d'une stratégie de moyens (groupes de classe, nombre d'élèves ou nombre de professeurs par classe, rythmes scolaires, organisation des niveaux et présentation du programme) et à une ambition pédagogique détaillée, élaborée conjointement par leurs responsables et leurs enseignants.

Dans ces établissements d'un type nouveau, le directeur et les enseignants impliqués seraient considérés comme les leaders pédagogiques du contrat, et donc légitimes pour le piloter ; ils seraient également en mesure de participer au recrutement de leurs collègues enseignants qui seraient candidats sur la base de ce contrat. Enfin, ces leaders pédagogiques porteraient leur projet en toute responsabilité puisqu'ils rendraient public le contrat qu'ils auraient élaboré en commun et devraient rendre compte des résultats obtenus auprès de la puissance publique[5]. Les possibilités d'adaptation et d'innovation qui leur seraient offertes traduiraient la confiance qui leur est faite, mais avec une exigence de contrôle *a posteriori*. Ce que je recommande n'est donc pas un simple aménagement du système existant, auquel on adjoindrait un peu plus de concertation pédagogique et des marges de manœuvre limitées pour ce qui a trait aux programmes[6]. Ce n'est pas non plus, en aucun cas, la création d'un nouveau type d'établissements qui, quoique publics, seraient financés au prorata du nombre des élèves qui y seraient scolarisés, par exemple à l'aide de ce qu'on appelle parfois un « chèque éducation[7] ». C'est un établissement scolaire réactif, capable d'adaptations, responsable et fidèle aux valeurs de l'éducation républicaine.

Dans la dernière partie de cet ouvrage, je donnerai des indications sur la mise en place de ces établissements autonomes, qui seraient dans un premier temps expérimentaux. Avec dès à présent une mise en garde : dans une réforme visant à introduire davantage d'autonomie dans les établissements publics, la prudence doit rester de mise, et une grande vigilance doit être exercée sur les points qui sont les conditions clés de leur réussite ou de leur échec.

Dans ce plaidoyer pour l'autonomie, j'ai pris le parti de ne pas distinguer le cas des écoles primaires de celui des collèges et des lycées. Je traiterai donc de l'autonomie des établissements scolaires en général, sans faire état, sur les différents éléments considérés, des caractéristiques qui sont celles des écoles primaires dans le système scolaire français. En effet, ces dernières n'ont pas de statut juridique défini et sont sous l'autorité conjointe du maire et du recteur d'Académie, elles sont surtout très différentes les unes des autres (certaines n'ayant qu'une ou deux classes)[8].

Les raisons qui m'ont amenée à prendre ce parti seront détaillées dans les développements qui suivent. Toutefois, comme l'une des objections souvent avancées pour écarter une réforme d'autonomie globale du type de celle que je propose est l'impossibilité de l'appliquer aux écoles primaires, je dois au lecteur de les présenter brièvement ici[9]. La première raison tient à la nature de cet ouvrage. Il livre une analyse d'ensemble du système éducatif français, il apporte aussi des éléments sur l'histoire de sa formation dans le but de montrer l'influence persistance de cet héritage. Des réflexions de ce type amènent à dégager une intelligibilité d'ensemble, à formuler des principes issus du républicanisme qui a été à l'origine du système scolaire français et aussi les lignes de force d'une réforme à venir qui ne les trahisse pas. Dans la mesure où ces principes sont pour l'essentiel identiques dans le cycle primaire et secondaire, j'ai voulu fonder sur eux une réflexion d'ensemble sur l'autonomie scolaire. Par ailleurs, une deuxième raison a trait à la volonté de prendre un recul, historique et intellectuel, par rapport à l'institution scolaire que nous connaissons. Les données sur la manière dont ont été conduites ailleurs que chez nous des réformes d'autonomie scolaire jouent en cela un rôle décisif, c'est pourquoi j'y consacre une partie de ce livre, en dégageant pour chaque cas les facteurs d'échec et les conditions de réussite. Or il est frappant de constater que dans ces exemples étrangers la distinction entre les différents cycles joue assez peu, les réformes d'autonomie ayant été pensées de manière globale. Enfin, il me semble que les caractéristiques actuelles des écoles primaires pourraient être adaptées de façon à permettre l'engagement de leur directeur et des enseignants sur un projet éducatif, surtout dans une perspective de fluidité plus grande entre cycles primaire et secondaire[10].

À l'évidence, l'école publique française peut mieux faire. L'obligation de faire réussir tous les élèves, en particulier ceux issus de milieux défavorisés, n'est pas condamnée à rester un vœu pieux. Pour autant, relever le défi de l'autonomie exige d'accepter l'idée d'une diversité dans les moyens utilisés pour y parvenir à l'échelle de chaque école. Les écoles françaises sont établies dans des milieux et environnements très différents, et tenir compte de ces différences est une condition d'efficacité, permettant à chacune d'elles de dispenser à tous ses élèves une solide formation de base, premier ciment d'une société libre. C'est en ce sens que l'autonomie fondée sur l'engagement et l'initiative des enseignants et responsables d'établissement serait le levier d'une transformation pour le meilleur de l'ensemble du système scolaire.

Les questions d'éducation sont comme des clés pour l'avenir. Si l'enseignement supérieur a longtemps été mon domaine d'activité et de réflexion, puisque j'ai enseigné à l'Université et dirigé l'École normale supérieure avant de fonder et présider Paris Sciences et Lettres, l'éducation primaire et secondaire n'en a pas moins à mes yeux une importance décisive.

Car si les enjeux sont différents, la même question ne s'impose pas moins à tous les établissements de formation, des classes primaires aux universités : « Quel esprit veut-on former ? » Le plus souvent, on répond à une telle question en citant des exemples de compétences et de connaissances censées garantir un bon niveau d'éducation et une formation professionnelle. Mais ces deux types de réponses ne disent rien de l'essentiel : à quoi servent ces compétences et ces connaissances ? Dans quelle mesure contribuent-elles à transformer l'individu ? Quels effets ont-elles sur le fonctionnement de l'intelligence, sur la façon dont l'enfant et le jeune adulte appréhendent le monde ? Comment assimilent-ils ce qu'ils apprennent et l'utilisent-ils à bon escient ? Ces questions résument l'ensemble du processus de formation de soi que du Bellay déjà, il y a près de cinq siècles, appelait l'« innutrition ». Y répondre est également nécessaire dans l'éducation primaire et dans le supérieur.

À la suite de mes études, à la fin des années 1980, j'ai longuement séjourné au Royaume-Uni et aux États-Unis. J'ai pu alors constater combien notre façon bien française de considérer la formation était loin d'être partagée partout et surtout loin d'être la norme. Nous considérons en France qu'un bon élève se distingue par sa capacité d'absorber des connaissances et des méthodes, de les reproduire et de les utiliser, surtout pour faire des exercices, passer des examens et réussir des concours. C'est là un excellent apprentissage, qui doit constituer une partie importante d'une bonne formation, mais dont on ne peut ignorer qu'il repose en partie sur une aptitude au conformisme et au mimétisme. Tandis que, dans beaucoup d'autres pays, l'accumulation des connaissances et la compréhension des règles sont importantes assurément, mais moins que l'éducation de l'esprit critique, que l'entraînement de la capacité de formuler une objection ou un contre-argument, que l'aptitude aussi à trouver une idée nouvelle qui remette en cause les données du problème et oblige à voir les choses selon une perspective inattendue.

Ces différences dans les pratiques de formation correspondent à des différences entre les modes d'évaluation. Dans nos examens et dans nos concours « à la française », les compétences, les connaissances et les méthodes peuvent être évaluées au moyen de tests, assortis d'épreuves organisées parfois de la même façon dans la nation tout entière. Il en est tout autrement au Royaume-Uni ou aux États-Unis, où les élèves et les étudiants sont évalués plutôt au moyen d'entretiens et de tests individualisés, et où les meilleures évaluations tiennent aussi compte de leurs échecs passés et de leur capacité de se corriger. De manière générale, l'excellence de la formation n'y obéit pas à un modèle unique, et on admet volontiers qu'il existe plusieurs exemples de bonne éducation (même au sein du système public) qui peuvent être comparés les uns aux autres.

Une bonne formation est un atout précieux dont chaque enfant doit pouvoir bénéficier. Elle est surtout le seul moyen de rendre réelle la mobilité au sein d'une société. Mon engagement en faveur de l'autonomie serait resté à l'état d'activité militante si les responsables de GénérationLibre, *think-tank* libéral fondé en 2013 par Gaspard Koenig, ne m'avaient demandé, après de nombreuses discussions consacrées à ce sujet, d'écrire un texte rassemblant mes propositions. J'ai ainsi été amenée à approfondir le sujet, à rassembler des données et des analyses qui ont fait la matière d'un rapport[11] dont s'inspire en partie le présent ouvrage. En revanche, les développements historiques et philosophiques qu'on y trouve sont les éléments qui lui sont propres.

J'aimerais que les pages qui suivent soient lues à partir de l'ambition de donner à tous les élèves une solide éducation de base. Je parlerai de l'autonomie des établissements scolaires, mais en arrière-plan persisteront les questions de fond : quel esprit veut-on former ? Quel modèle de mobilité sociale mettre en œuvre ? Quelle diversité accepter au sein d'une culture commune ? À qui incombe l'éducation ? Et j'aimerais surtout que le lecteur lise ce qui suit sans préjugés, les yeux ouverts sur la réalité.

1.

Qu'est-ce que l'autonomie et pourquoi en parler ?

La revendication d'autonomie pour les établissements scolaires a toujours été liée à une forte ambition, attestée chez tous les responsables politiques qui l'ont recommandée. Il ne s'agissait jamais d'une proposition au rabais ou pour temps de pénurie, encore moins de la marque d'un désengagement de l'État, mais d'une réforme portée par la volonté de créer un meilleur système éducatif.

Depuis une trentaine d'années au moins, la plupart des réformes scolaires conduites dans les pays développés ont consisté à octroyer davantage d'autonomie aux écoles et établissements publics ou encore à créer de nouveaux types d'établissements dotés d'une très large autonomie dans leur gestion et le choix de leurs méthodes éducatives. C'est ainsi que la création d'écoles libres[1] au sein même du système public, ou d'établissements d'un nouveau type, d'emblée très autonomes, fut une mesure emblématique adoptée par la Suède il y a plus de trente ans, et qui n'avait guère de précédents. À peu près au même moment furent établies aux États-Unis les premières *charter schools*[2]. Une vingtaine d'années après, en 2011, l'Angleterre se dota à son tour d'écoles libres *(free schools)*. Dans tous ces cas, il s'agissait bien d'écoles de statut public, financées par l'État, gratuites, auxquelles il était interdit de choisir leurs élèves, mais qui disposaient d'une large autonomie pédagogique et étaient en mesure pour la plupart d'entre elles de recruter leurs enseignants. Elles étaient liées à l'État par un contrat ou une charte qui, dans chaque cas, définissait leurs objectifs et justifiait qu'elles fussent soumises à des inspections et des contrôles.

La création d'écoles publiques autonomes, dans la plupart des pays qui l'autorisèrent par la loi, a conduit à des améliorations notables en matière de réussite scolaire des élèves, surtout de ceux issus de milieux défavorisés, sous réserve que des conditions bien identifiées soient respectées, comme l'attestent les nombreuses études consacrées à ce sujet : à titre d'exemple, les modalités du contrôle exercé par l'État, la solidité de l'équipe responsable du projet, la qualité de la certification des professeurs et la transparence des processus d'évaluation[3].

La France se classe parmi les pays qui, en Europe, accordent le moins d'autonomie aux établissements scolaires. Or les enquêtes du Programme international pour le suivi des acquis des élèves [PISA], conduites depuis 2000 sur une vingtaine d'années, montrent les insuffisances de l'école publique française[4]. Pour cette raison, chez nous comme ailleurs, l'autonomie peut être une solution à expérimenter, puis à généraliser, dans le cadre de l'Éducation nationale. Elle ne peut plus être écartée de l'éventail des évolutions possibles pour remédier à la baisse des performances scolaires et au caractère inégalitaire de plus en plus marqué de notre école (la réussite scolaire des enfants étant désormais fortement corrélée à leurs origines sociales). Mais il faut en proposer une mise en œuvre réaliste, qui tienne compte des caractéristiques et des valeurs du système public français : à savoir, des buts de formation communs et définis par l'État, un *curriculum* national, un calendrier scolaire uniforme et des règles partagées dans le recrutement des professeurs.

Que signifie l'autonomie scolaire ?

La diversité des sens du terme « autonomie » explique la grande confusion qui règne dans la plupart des débats relatifs à l'autonomie scolaire. L'autonomie signifie d'abord le fait de se donner à soi-même sa loi. Elle se réfère, dans un sens politique et social, à la capacité qu'a une entité (par exemple une université, un musée) de définir ses propres règles de fonctionnement et de fournir les justifications qui les rendent légitimes, dans un domaine de compétence bien délimité. Mais l'autonomie suppose aussi de définir la responsabilité de cette entité en accord avec une autorité supérieure (par exemple, le ministère de l'Enseignement supérieur et de la Recherche pour une université), laquelle prend l'engagement de respecter sa liberté d'action pour autant que cette dernière accomplit ses missions et ses objectifs.

Cette dernière condition – le lien à une autorité supérieure – est décisive, car c'est elle qui distingue l'autonomie de l'indépendance. En effet, dans le cas des institutions publiques comme des universités ou des musées, l'autonomie désigne bien le pouvoir qui leur est laissé d'agir selon les règles qu'elles se sont elles-mêmes données (en particulier pour la gestion de leurs moyens, humains et matériels, et en partie de leurs ressources), mais toujours dans les limites de ce que prévoit l'accord conclu avec l'État, ce dernier gardant un pouvoir de contrôle *a posteriori* et éventuellement de sanctions.

Dans ce cadre général, l'autonomie pour un établissement scolaire pourrait prendre des sens différents selon les domaines auxquels elle se rapporterait. Elle pourrait consister, d'abord, en une autonomie de statut, ou autonomie juridique : des établissements seraient autonomes en ce sens dans la mesure où ils seraient libres de choisir la structure juridique qui leur conviendrait. C'est ainsi que Sciences Po, qui avait d'abord été créée en 1872 comme l'École libre des sciences politiques (entité *sui generis* intitulée par la suite Fondation nationale des sciences politiques), dans une volonté d'opposition à la faculté de droit de Paris, décida en 1945, moment où elle était menacée d'être nationalisée, de se doter également d'un Institut d'études politiques qui était quant à lui un établissement public et donc dépendant de l'État, cela afin de préserver l'autonomie de la Fondation qui restait de droit privé. Ce type d'autonomie juridique n'est évidemment pas celle dont il est question dans ce texte consacré à l'autonomie scolaire, puisque les établissements concernés sont tous des établissements publics dont le statut est défini par le Code de l'éducation[5].

Par ailleurs, et c'est un autre sens de l'autonomie, un établissement scolaire pourrait être autonome dans son financement : cela signifierait alors qu'il disposerait de ressources suffisantes pour financer, en totalité ou en partie, ses activités, s'il était, par exemple, propriétaire de ses bâtiments, s'il bénéficiait des frais d'inscription de ses élèves ou possédait des fonds propres lui permettant de rémunérer professeurs et employés. Ce type d'autonomie n'est pas non plus à l'ordre du jour pour les établissements scolaires publics dont traite le présent texte. En revanche, c'est bien le type d'autonomie dont jouissent les écoles privées, surtout celles hors contrat.

Un établissement scolaire autonome pourrait également disposer, c'est la troisième possibilité, d'une autonomie de gestion de ses moyens : autonomie de gestion en ressources humaines, s'il avait le pouvoir de recruter ses employés et professeurs et de les rémunérer, et de gestion budgétaire, s'il pouvait gérer son budget, allouer ses ressources comme il l'entend ou encore valoriser ses biens, emprunter ou investir. Certains éléments d'une telle autonomie de gestion ont vocation à se retrouver dans les établissements scolaires autonomes dont je traite dans cet ouvrage.

Enfin, un établissement autonome pourrait jouir d'une autonomie de stratégie et de méthode pédagogique, ce qui serait le cas s'il avait la liberté de décider, par exemple, des rythmes d'apprentissage, du nombre d'élèves par classe, des outils d'enseignement ou de contrôle des connaissances. Des écoles publiques autonomes comme celles pour lesquelles je plaide devraient à l'évidence disposer de ce type d'autonomie sans laquelle on ne peut parler de stratégie éducative d'un établissement.

Où en sont les écoles publiques françaises ?

Par rapport à un tel éventail de possibilités en matière d'autonomie, les établissements scolaires français publics, tels que nous les connaissons aujourd'hui, sont peu autonomes[6]. Ils n'ont aucune autonomie de statut et ne peuvent pas choisir leurs élèves. Ils n'ont pas d'autonomie financière, puisqu'ils reçoivent l'intégralité de leur financement de l'État, n'ont pas de ressources propres et ne demandent pas de frais de scolarité. Ils n'ont pas davantage d'autonomie de gestion, ne disposant que de marges de manœuvre réduites en matière budgétaire et quasi inexistantes en matière de ressources humaines (ils ne choisissent pas leurs enseignants ni ne décident de leur rémunération), le pilotage des établissements restant pour l'essentiel contrôlé par l'État. Surtout, leur autonomie pédagogique et leur liberté dans les méthodes d'enseignement sont restreintes : leurs enseignants n'ont que peu de capacité d'adapter les rythmes scolaires, les groupes de classe ou les méthodes.

Si l'on s'intéresse à la part des chefs d'établissement déclarant participer à certaines décisions pédagogiques selon différents pays, on s'aperçoit du faible degré d'autonomie dont dispose en France le chef d'établissement, surtout en ce qui concerne le recrutement, la gestion de carrière des enseignants et la pédagogie.

D'après les données recueillies au cours de l'enquête Eurydice, enquête européenne conduite en 2007 et portant sur des systèmes éducatifs des 27 pays européens, les écoles de 3 pays (la Belgique, la Lettonie et la Suède) disposaient

Part des chefs d'établissement déclarant participer à certaines décisions pédagogiques selon les pays

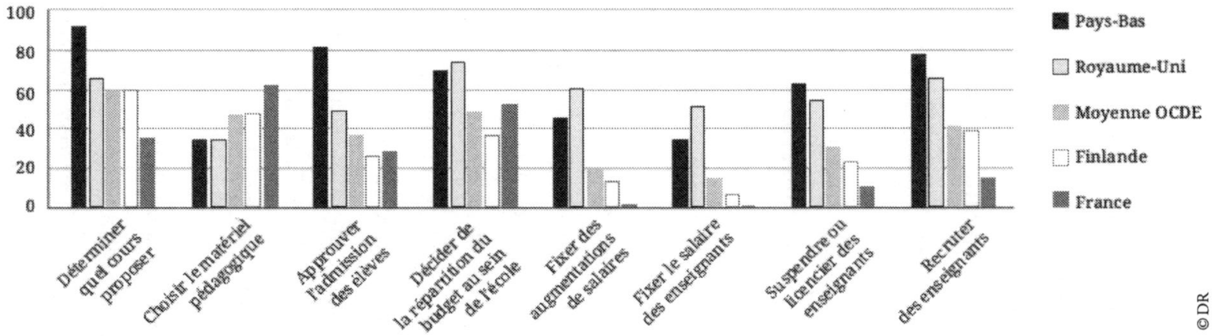

© DR

SOURCE : OCDE, TALIS 2013, in *Regards sur l'éducation* 2016
NOTE DE LECTURE : En comparaison OCDE, les chefs d'établissement en France sont faiblement décideurs en matière de RH, de public et de pédagogie

FRANCESTRATEGIE1727.FR

Source : « Quelle autonomie pour les établissements scolaires ? », France Stratégie 2017-2027, décembre 2016. (https://www.strategie.gouv.fr/publications/20172027-autonomie-etablissements-scolaires-actions-critiques) d'une autonomie totale en matière d'utilisation des fonds publics, tandis que celles de 5 pays (la Bulgarie, l'Irlande, la France, Chypre et la Roumanie) n'avaient, quant à elles, aucune autonomie dans ce domaine, les décisions étant prises uniquement par les autorités éducatives supérieures, même si l'établissement pouvait être consulté à un moment ou un autre de la procédure[7].

Parallèlement, au sein des pays considérés, 15 pays étaient assez autonomes pour pouvoir choisir leurs enseignants, 2 parmi eux ayant aussi la possibilité de définir leurs propres programmes d'enseignement (l'Estonie et le Royaume-Uni), tandis que les établissements français n'avaient aucune autonomie pour affecter des enseignants sur des postes vacants, définir leurs missions, décider de mesures disciplinaires et procéder à des licenciements. Ils ne possédaient qu'une autonomie limitée pour gérer les remplacements des enseignants absents ou les heures supplémentaires effectuées[8].

Toutefois, certains établissements publics français bénéficient d'un régime dérogatoire, qui leur accorde une autonomie relative. C'était le cas en 2012 des établissements (écoles, collèges, lycées) enrôlés dans le programme « Éclair » (écoles, collèges et lycées pour l'ambition, l'innovation et la réussite) et installés dans des zones défavorisées, remplacées depuis par les REP (réseaux d'éducation prioritaire). Ce programme Éclair visait à améliorer le suivi des élèves afin de favoriser leur réussite et renforcer la stabilité, la cohésion et la mobilisation des équipes pédagogiques. Il encourageait aussi les innovations dans les champs de la pédagogie, de la vie scolaire, des ressources humaines et promouvait « le recrutement sur profil des personnels, la création de préfets des études par niveau de classe en collège, le développement des expérimentations pédagogiques ». Par ailleurs, les responsables et enseignants participaient à l'affectation de leurs collègues, « émettaient un "avis" sur les candidatures à l'issue d'un "entretien de recrutement" et contribuaient à la rédaction des "lettres de mission" des recrues pour trois ans »[9]. À cet égard, le programme Éclair (clos en 2014) pouvait être vu, en matière de ressources humaines, comme un laboratoire d'expérimentation de l'autonomie. Toutefois, le diagnostic porté sur le fonctionnement des établissements concernés près d'une dizaine d'années après sa mise en place reste assez mitigé[10].

Par ailleurs quelques établissements ont pu, à titre dérogatoire, accéder à un degré élevé d'autonomie. C'est, à titre d'exemple, le cas du collège Gabriel Séailles à Vic-Fezensac dans le Gers, dont les enseignants, après une réflexion conduite en commun dès 2008 sur les conditions de réussite de leurs élèves, décidèrent de modifier, à titre expérimental, le système d'évaluation, afin de mieux noter leurs compétences, ce qui a conduit à la quasi-disparition des notes. Les résultats des élèves progressèrent, chaque élève travaillant de manière plus engagée dans le but de remédier à ses lacunes qui, de cette façon, pouvaient être clairement identifiées, mais les résultats d'ensemble restent discutables[11].

Il existe enfin, au sein du système public français, des établissements auxquels est accordé le droit de pratiquer les méthodes pédagogiques spécifiques des écoles Montessori, en favorisant par exemple l'engagement actif des enseignants, le mélange des âges, voire le regroupement par cycles (pour encourager la coopération entre les plus grands et les plus petits, en dépit des classes d'âge imposées par l'Éducation nationale), en aménageant aussi les emplois du temps ou en différenciant les activités (la moitié de la classe réalise une activité pendant que l'autre moitié se déplace librement). Mais ces établissements sont peu nombreux, et leurs marges d'autonomie restent dans l'ensemble modestes.

Et les écoles privées ?

Les écoles privées françaises sont certes beaucoup plus autonomes que les écoles publiques, mais là encore, selon des degrés variables[12]. Celles qui ont passé un contrat avec l'État en s'engageant à suivre le programme national et à atteindre des objectifs de formation définis par la puissance publique – elles représentent 82,8 % des écoles privées[13] – jouissent d'une autonomie juridique (elles sont en général des associations). À côté d'elles, les écoles hors contrat sont autonomes juridiquement et elles peuvent s'affranchir en partie des programmes nationaux, à condition que les enfants qui y sont scolarisés y acquièrent des connaissances constituant un socle commun de compétences. Mais elles n'en sont pas moins contrôlées par l'État et ne peuvent être créées qu'après avoir obtenu son autorisation. Depuis la loi du 24 août 2021 confortant les principes de la République, ces conditions d'établissement sont devenues plus strictes : la surveillance de l'organisation et le financement de ces écoles sont rigoureux, et elles sont tenues de signer une charte des valeurs républicaines[14].

Surtout, les écoles privées françaises sont autonomes financièrement. Elles vivent de leurs ressources propres, auxquelles s'ajoutent, pour les écoles sous contrat, les financements apportés par l'État qui paie le salaire de la plupart de leurs enseignants. Ces écoles possèdent en général leurs bâtiments et peuvent exiger des frais de scolarité. Enfin, elles ont une réelle autonomie de gestion, notamment pour leurs ressources humaines (recrutement, primes et rémunérations, particulièrement pour les écoles hors contrat), et une large autonomie dans le domaine pédagogique, très étendue pour les écoles hors contrat (elles ne sont pas tenues de respecter les horaires et le programme déterminés par l'Éducation nationale). Elles cochent toutes les cases de l'autonomie

– de statut, financière, budgétaire et pédagogique – mais n'en restent pas moins sous le contrôle de l'État.

L'enseignement privé s'est beaucoup développé au cours des dernières années ; les écoles hors contrat sont celles qui ont le plus bénéficié de cette augmentation, le nombre d'élèves qu'elles accueillent s'étant nettement accru[15]. On comptabilisait 514 écoles primaires hors contrat en 2016 et 872 en 2020, soit une hausse substantielle en l'espace de quatre ans. De plus, pendant la décennie 2010-2020, le nombre des enfants scolarisés dans les établissements privés d'enseignement du CP au CM2 a augmenté (31 000 élèves en plus) par rapport à celui des enfants fréquentant l'enseignement public (10 000 élèves en moins). Par ailleurs, les établissements scolaires privés sont assez inégalement répartis sur le territoire. On observe notamment une concentration d'établissements de ce type en Bretagne, à Paris, ou en région Auvergne-Rhône-Alpes[16].

La distinction entre établissement autonome et établissement non autonome coïncide-t-elle avec la distinction entre privé et public ?

Si les écoles privées françaises sont autonomes en matière de gestion et de pédagogie, j'ai cité plus haut le cas de quelques établissements publics qui, bien qu'ils ne possèdent pas leurs bâtiments et n'aient aucune ressource propre, disposent de marges de manœuvre éducatives largement comparables à celles dont jouissent des établissements privés sous contrat : c'est le cas, par exemple, du collège de Vic-Fezensac. Le fait qu'une école soit financée par l'État et qu'elle ait un statut public n'empêche donc pas qu'elle soit autonome et qu'elle adopte des méthodes d'enseignement qui lui sont propres, ce qui montre que le statut public d'un établissement n'est en rien un obstacle au fait qu'il dispose d'une large autonomie.

En comparaison, les pays qui ont créé des établissements scolaires publics autonomes (la Suède et les États-Unis, depuis une trentaine d'années, l'Angleterre depuis dix ans) les ont dotés d'une autonomie très étendue. Leurs écoles publiques « libres » peuvent en effet recruter leurs enseignants et les rémunérer comme elles l'entendent, elles jouissent aussi d'une autonomie de programme et même de rythmes scolaires, bien qu'elles soient financées par l'État et installées dans des bâtiments qui appartiennent à l'État (qui finance aussi dans certains cas les fournitures scolaires et les activités périscolaires). En revanche, à la différence des écoles privées françaises, ces écoles libres publiques ne sont pas autorisées à sélectionner leurs élèves et ne peuvent exiger de leur part aucuns frais de scolarité.

Ce n'est pas tout : un autre fait encore plus surprenant est qu'en France des établissements privés autonomes sous contrat peuvent être plus contrôlés par l'État (qui pourtant ni ne les héberge ni ne les finance, hormis pour les salaires des enseignants) que ne le sont en Suède des établissements publics financés par l'État, mais gérés par des groupes privés *non profit* ou *for profit*, puisque la réforme suédoise qui établit les écoles libres publiques autorisait ce type de gestion[17]. Certes le fait que des groupes privés (certains cotés en bourse, ou même des fonds d'investissement) puissent faire des profits en gérant des écoles publiques (après avoir répondu à des appels d'offres lancés par l'État) et en pratiquant même parfois des économies d'échelle, regroupement d'écoles, réduction des frais généraux ou autres techniques de *cost killing*, est très surprenant sinon choquant pour un lecteur français! Mais il faut préciser que ces écoles publiques gérées par des groupes privés n'en sont pas moins soumises à des obligations, comme celles d'accueillir tous les élèves, d'être gratuites et de se soumettre à des contrôles destinés à vérifier qu'elles ont bien atteint leurs objectifs de formation. C'est en ce sens que les écoles libres suédoises bousculent la conception que nous avons du partage public/privé.

Ce dernier exemple invite à ne pas aborder la question de l'exécution des missions publiques qui relèvent de l'éducation avec des idées préconçues. Dans certains cas, aux États-Unis ou en Angleterre, des acteurs privés (relevant surtout du secteur privé *non profit*: associations ou fondations) ont géré des institutions d'enseignement de statut public qui disposaient d'une large autonomie et sont parvenus à améliorer de manière notable les performances scolaires des élèves et à favoriser la mobilité sociale, deux objectifs que la puissance publique leur avait assignés.

L'autonomie des établissements scolaires publics est devenue depuis quelques années dans notre pays un sujet polémique, la revendication idéologique éclipsant souvent les raisons d'être, ambitions et objectifs d'une telle mesure.

Le pari de ce livre est d'ouvrir un débat où puissent être discutés de façon précise les arguments en faveur de l'autonomie scolaire, de présenter puis d'analyser les résultats obtenus dans les pays qui ont mis en œuvre ce type de réformes, puisque nous avons maintenant plus de trente ans de recul. Dans cette perspective, il me paraît important de rappeler d'abord la riche histoire de l'idée d'autonomie scolaire et de montrer comment elle a fini par inspirer des dispositions législatives, malheureusement sans grand effet jusqu'à aujourd'hui.

2.

L'autonomie scolaire : une longue histoire toute en contrastes

Les réflexions sur l'autonomie scolaire menées en France depuis la fin du XIXe siècle, ainsi que les quelques expérimentations d'établissements autonomes créés au cours des dernières décennies, montrent que le projet d'introduire plus d'autonomie au sein de l'Éducation nationale française se réclame d'une longue tradition de débats et de la volonté très tôt affirmée de faire de l'autonomie une réalité institutionnelle.

L'AUTONOMIE SCOLAIRE, UN SOUCI MAJEUR POUR LES FONDATEURS RÉPUBLICAINS DE L'ÉDUCATION PUBLIQUE

Dès la fin du XIXe siècle, le principe de l'autonomie des établissements scolaires ainsi que les modalités qui permettraient de la mettre en œuvre firent l'objet de nombreux débats, très instructifs pour aujourd'hui. La période était décisive puisque c'est à ce moment-là que furent lancées les grandes réformes de l'enseignement secondaire français. Il s'agissait en effet de mettre un terme à la conception uniforme et centralisée de l'Éducation nationale, héritée de l'Université impériale napoléonienne qui, en 1806, avait unifié tout le système éducatif en un seul grand corps établi sur l'ensemble du territoire[1]. Cette Université impériale, établissement unique regroupant les établissements scolaires publics, de l'école primaire à l'université, était pilotée par un grand maître de l'Université (désigné à partir de 1824 par le titre de ministre de l'Instruction publique) et dirigée localement par des recteurs affectés dans chaque académie, ces derniers exerçant une autorité directe sur tous les établissements scolaires[2]. Le système scolaire ainsi mis en place semblait incarner le modèle parfait, si l'on peut dire, d'une administration pyramidale, fondée sur des modes de gestion centralisés et standardisés.

Édifier de toutes pièces un nouveau système scolaire à la place d'une telle Université impériale recouvrait, dans les premiers temps de la IIIe République, un enjeu considérable. L'ambition des fondateurs de ce nouveau système scolaire était en effet de renouveler l'idéal d'une éducation nationale, apport propre de la Révolution, tout en l'ancrant solidement dans les principes du républicanisme : d'une part, le refus des privilèges, passe-droits et discriminations dus aux statuts et, d'autre part, l'engagement d'émanciper les individus, d'abord par l'instruction, mais aussi par l'ensemble des institutions publiques, le but étant de former un citoyen capable de se prescrire à lui-même sa loi en se dégageant de ses appartenances religieuses et culturelles. Aucune action publique ne pouvait mieux donner chair à cette ambition que la refondation du système éducatif. Il n'est donc guère étonnant que, dans les nombreuses lois et décrets qui présidèrent à la création de l'« Éducation nationale » à partir de 1880, on trouve sans cesse exprimée la volonté conjointe de mettre fin aux privilèges et de faire de l'éducation une ressource accessible à tous.

Dans les débats qui inspirèrent puis accompagnèrent cet ensemble de transformations, conduites pendant deux décennies, depuis 1880 au moins jusqu'en 1902 avec la réforme de l'enseignement secondaire[3], on trouve souvent mentionnée l'exigence d'autonomie, comme pour résumer le principe selon lequel le nouveau système éducatif devait être organisé, à la fois dans les enseignements et dans la gestion des établissements. Comme l'a rappelé Jean-Paul Delahaye dans une remarquable étude consacrée à cette séquence historique[4], il paraissait alors nécessaire de donner une identité forte à l'établissement scolaire, d'encourager les réunions d'enseignants, de mettre en place des conseils élus par les établissements, de vanter le principe de collégialité et les avantages liés au fait d'octroyer de larges responsabilités au directeur et aux professeurs. Toutefois, ces mesures concernaient les établissements du second degré et non les écoles primaires.

On reconnaît là tous les thèmes qui sont aujourd'hui au cœur des débats sur l'autonomie scolaire. Et à l'époque il ne s'agissait pas de contributions isolées et encore moins de lubies de réformateurs mais des réflexions et ambitions de ceux qui furent à l'origine du système éducatif, qui est encore le nôtre aujourd'hui, et qui en firent rédiger les textes officiels. La plupart des hommes politiques qui ont présidé au destin de l'Éducation nationale en ces années-là partageaient le même souci d'« innovation libérale », pour reprendre l'expression de Léon Bourgeois, qui fut ministre de l'Instruction publique et des Beaux-Arts de 1890 à 1892. Trois domaines en particulier paraissaient décisifs pour donner corps à cette exigence, qui firent chacun l'objet de mesures spécifiques, détaillées dans de nombreux textes réglementaires : la « personnalité » des établissements ; la part d'initiatives laissée aux enseignants ; le rôle du chef d'établissement. Ce sont encore trois aspects fondamentaux de la liberté scolaire.

L'identité de l'établissement scolaire

Les autorités ministérielles eurent, dès le début de la IIIe République, la conviction que l'établissement scolaire devait exister en tant que tel, plus précisément que c'était dans le cadre et les limites d'un établissement qu'une politique scolaire originale pourrait se développer. De fait, si toutes les écoles enseignaient bien un même programme national, il leur fallait l'enseigner dans un lieu et un environnement particuliers, propres à chacune d'elles : elles devaient en conséquence être libres de définir elles-mêmes les méthodes et les moyens de tenir compte au mieux d'un tel environnement. C'est cela le premier sens de l'autonomie, la capacité de se donner une politique éducative, et donc une identité pédagogique, dans le cadre d'un *curriculum* national.

Léon Bourgeois, alors ministre de l'Instruction publique, déclarait, en 1890, au moment où furent modifiés les programmes des lycées et collèges, que « le principe de l'uniformité absolue dans le régime de tous les lycées et collèges ne répondait à aucune nécessité ; que la règle pouvait varier entre certaines limites, suivant les climats et les régions, les habitudes locales, suivant les besoins et les ressources des différents établissements », à charge pour le directeur de l'école de définir de telles spécificités et d'assumer de les prendre en compte dans ses choix pédagogiques[5].

En l'occurrence, les variations et adaptations de « la règle commune » que le ministre encourageait ne se limitaient pas aux méthodes d'enseignement, elles concernaient aussi la gestion de l'établissement et surtout son autonomie en matière de budget. C'est à la suite de cette injonction qu'à l'occasion de la réforme de 1902[6] le mode de gouvernement des établissements fut modifié en profondeur. Un exemple frappant de ces dispositions nouvelles était donné dans la formulation des nouveaux principes de leur comptabilité[7] : il y était en effet explicitement indiqué que, la subvention accordée pour le financement des externats étant désormais fixe, il revenait aux « administrations collégiales » d'en disposer à leur guise, car elles seraient de ce fait incitées à prendre « la responsabilité » de leur budget, ce qui « stimulerait leur zèle et leur initiative ». La réforme renforçait également la « décentralisation », autrement dit le recentrement des politiques au niveau de l'établissement, dont la condition première était là encore que l'établissement pût gérer sa comptabilité. « La réforme de la comptabilité conduit ainsi à l'autonomie des lycées : non pas leur autonomie absolue » mais « une autonomie suffisante pour que chaque maison en reçoive une physionomie propre et pour que son personnel trouve des raisons de s'y intéresser et de s'y attacher »[8].

On ne saurait mieux décrire le fondement du lien entre l'autonomie d'un établissement et l'engagement de ceux qui y travaillent. Car ce vigoureux plaidoyer en faveur de l'identité et de la personnalité de l'établissement scolaire, joliment désignées ici comme sa « physionomie propre », est bien ce qui donne aux enseignants, selon les auteurs du texte, la volonté de prendre les choses en main dès lors qu'ils ont la responsabilité de s'organiser ensemble et de former un projet collectif.

Plus encore : dès 1890, l'autonomie est avec constance défendue par le ministère, y compris face à ses propres représentants, puisqu'il est précisé que le recteur (représentant de l'État dans l'Académie) a vocation à « valider les propositions qui lui sont soumises par les chefs d'établissement, après avis de l'assemblée des professeurs », en particulier pour ce qui relève de la « distribution des heures de classe, d'étude et de récréation », la formule laissant entendre que l'établissement serait libre de les fixer comme il le juge bon, liberté sans équivalent aujourd'hui[9] !

Nul n'a mieux exprimé l'esprit libéral qui a présidé à la naissance de notre système scolaire républicain et national que Ferdinand Buisson qui, en 1911, dix ans après les réformes évoquées plus haut, précisait dans son *Nouveau Dictionnaire de pédagogie et d'instruction primaire* : « pour répondre aux besoins régionaux, chaque administration collégiale devra jouir d'une certaine indépendance morale et économique », étant entendu qu'« il ne peut être question d'une autonomie absolue : tous les établissements publics devront appliquer les mêmes programmes, préparer aux mêmes examens, aux mêmes concours »[10]. C'est bien de cette façon, encore aujourd'hui, que la mise en œuvre de l'autonomie scolaire doit être envisagée, la seule obligation collective étant l'engagement pour tous les établissements publics de préparer « les mêmes programmes et aux mêmes examens ».

Alors qu'il y a un peu plus d'un siècle, dans ces années fondatrices du républicanisme, les directives officielles, les injonctions parlementaires et les bulletins d'administrateurs vantaient les autonomies locales, les initiatives et adaptations, on voudrait encore aujourd'hui que la pertinence de tels principes soit reconnue, sans même parler de leur mise en œuvre.

Liberté pour les enseignants

Dès le début de la IIIe République, Jules Simon, qui fut ministre de l'Instruction publique, des Cultes et des Beaux-Arts du gouvernement provisoire établi le lendemain du 4 septembre 1870, s'adressa aux enseignants[11] dans une circulaire datée du 27 septembre 1872, leur recommandant d'organiser « des réunions périodiques de professeurs dans les lycées (…), avec la constitution d'un conseil élu », ce dernier devant, dans l'esprit du ministre, exercer une mission comparable à « celles du Conseil de l'ordre des avocats »[12]. De tels conseils de lycées, qui seront effectivement mis en place à partir de 1880, furent une étape décisive pour promouvoir la collégialité entre les enseignants et l'ébauche d'une politique d'établissement.

Quelques années après cette première recommandation, en 1883, Octave Gréard, alors vice-recteur de Paris, constatant que ces conseils étaient devenus « un organe essentiel de la vie intérieure des lycées », se réjouissait du fait que les professeurs qui en étaient membres, réunis sous la présidence du chef d'établissement, pouvaient ainsi « délibérer de tous les intérêts des études ». Il soulignait aussi qu'ils avaient vocation à favoriser la complémentarité dans l'action des différents acteurs de l'établissement. Davantage, il se félicitait que cette « innovation libérale » ait permis « de resserrer les liens des intérêts communs, d'établir l'harmonie des volontés et des directions et de créer l'âme de la maison. Rapprochées, combinées, fondues ensemble, toutes ces forces morales peuvent, du point de vue qui nous occupe, conjurer en partie le danger des agglomérations excessives »[13].

Il est tout à fait remarquable, surtout au vu des débats d'aujourd'hui, que le ministre lui-même ait ainsi reconnu la nécessité d'associer étroitement les enseignants à la vie intérieure des établissements et d'en faire les premiers responsables de sa politique pédagogique, le cœur de sa personnalité, avec pour condition un projet cohérent au lieu d'une juxtaposition d'enseignements. Après lui, Armand Fallières, qui fut ministre de l'Instruction publique de 1889 à 1890 (avant de devenir président de la République de 1906 à 1913), alla encore plus loin sur le chemin de l'autonomie, puisqu'il invita les professeurs à se réunir pour adapter, voire modifier, les programmes dans leurs classes. De fait, le principe de l'autonomie scolaire, encouragé et promu par les autorités institutionnelles, a été d'emblée lié au rôle nouveau que devaient jouer les enseignants, qui devenaient aussi les porteurs d'un projet collectif.

Une première occasion d'amorcer cette évolution s'était présentée quelques années plus tôt quand, en 1884, le ministère de l'Instruction publique imposa de diminuer de 15 % les horaires d'enseignement au lycée. Mais il ne voulut pas le faire de façon uniforme, en décidant par exemple que dans tous les établissements on diminuerait de la même façon le nombre des heures de français ou de mathématiques ou qu'on cesserait d'enseigner telle ou telle matière (comme cela se ferait aujourd'hui au moyen d'injonctions ministérielles). Tout au contraire, le ministère de l'époque considéra comme allant de soi de s'adresser aux enseignants pour leur demander d'adapter les programmes (en réduisant les horaires) d'une façon qui convienne à chaque établissement. Les enseignants étaient ainsi incités à organiser une concertation pédagogique, dans le cadre de l'Assemblée générale des professeurs, afin que le sujet délicat de la réduction des horaires, et donc de la modulation des programmes, soit traité à l'échelle de chaque établissement : « Vous inviterez Messieurs les professeurs de lycée à discuter en Assemblée générale, les modifications à apporter aux programmes, dans les limites tracées par le Conseil supérieur. Ils devront se bien pénétrer de cette pensée qu'il ne s'agit point seulement de resserrer les programmes dans la production du nombre d'heures supprimées, mais qu'il faut aller plus loin et supprimer résolument ce qui peut être retranché sans dommage pour l'instruction générale[14]. » Peu de temps après, en 1890, à l'occasion de la réforme des collèges (qui étaient, à l'époque, des établissements secondaires municipaux), Léon Bourgeois, alors ministre de l'Instruction publique à la suite d'Armand Fallières, revenait à la charge, rappelant que le travail d'adaptation devait se faire dans le cadre de chaque institution, afin de rompre résolument avec le « principe de l'uniformité absolue dans tous les lycées et collèges (qui) ne répondait à aucune nécessité ». La règle, précisait-il, « pouvait varier entre certaines limites (...) suivant les besoins et les ressources des divers établissements »[15].

Pareille recommandation du ministre répondait sans doute au souhait exprimé par les enseignants de participer à la vie de l'établissement. En témoigne un extrait du *Bulletin administratif du ministère de l'Instruction publique* daté de juillet 1898, où est mentionné le fait que le Conseil académique d'Aix avait émis le vœu qu'« un règlement fixât les conditions dans lesquelles les professeurs doivent être associés à la direction générale de l'enseignement de chaque établissement ». Le *Bulletin* insistait en particulier sur la nécessité de reconnaître « pour la convocation des réunions destinées à remplacer ce conseil, un droit d'initiative des professeurs à côté de celui du chef d'établissement »[16]. Là encore, le ministre alors en poste, Alfred Rambaud, se félicitait quant à lui que l'initiative revienne aux professeurs : à eux de se réunir « pour s'entretenir de l'état de la classe, du travail et des progrès des élèves », même si la prérogative du chef d'établissement restait de fixer l'ordre du jour[17]. Les enseignants sont encore loin aujourd'hui, plus d'un siècle plus tard, de disposer d'une telle liberté.

Un rôle nouveau pour le chef d'établissement

L'autonomie dont il est question dans ces textes officiels consiste bien en une autonomie partagée entre le chef d'établissement, les enseignants et, le cas échéant, les conseils qu'il préside ; elle ne se réduit aucunement à l'autonomie du directeur. Ce dernier dispose certes d'une autorité réelle mais qui s'exerce dans un rapport de collégialité avec les enseignants : la conduite de l'établissement doit être fondée sur leur travail commun, le chef d'établissement étant d'abord responsable de la cohésion du groupe formé avec ses collègues[18].

C'est ainsi que dans les textes présentant la réforme des lycées de juillet 1902, réforme cadre du nouvel enseignement secondaire, qui en précisait l'organisation dans un esprit d'autonomie scolaire, le rôle du directeur est défini en rappelant le lien qui l'unit aux enseignants. Les directeurs y sont en effet présentés comme des enseignants délégués dans les fonctions de chef d'établissement, qui bénéficient à ce titre d'une indemnité de direction, mais dont la délégation de fonction peut être annulée en cas de problème[19]. Les instructions qui suivent la loi de 1902 détaillent la mise en œuvre de la réforme et soulignent que les directeurs se chargeront de l'enseignement de la morale, ce qui « se concrétisera dans leur participation effective à l'enseignement », dans le but à la fois de conforter leur solidarité avec les enseignants et de rendre hommage à leur fonction[20].

La réforme de 1902 institua aussi dans les lycées un Conseil d'administration qui supervisait la gestion de l'établissement. Six ans plus tard, en 1908, une circulaire stipulerait qu'un représentant des enseignants siégerait au Conseil d'administration, nombre qui serait porté à trois par la circulaire du 31 mars 1911. Le but de ces dispositions était bien de renforcer l'autonomie des établissements, comme le déclara alors le ministre Théodore Steeg : « Le régime de l'autonomie des lycées, institué par le décret du 31 mai 1902, renferme un principe fécond mais qui ne saurait donner tous ses fruits que si cette autonomie est appliquée dans un esprit large, favorable aux heureuses initiatives. » Le ministre encourageait aussi de tels conseils à « donner leur avis sur l'appropriation des programmes de l'enseignement aux besoins de la région » et incitait proviseur et enseignants à procéder à des modifications et ajustements, mais aussi à faire participer à ces réflexions des anciens élèves, des parents d'élèves, des « pères de famille » (selon le terme en usage à l'époque), ainsi que des personnalités qualifiées ou renommées.

De cet ensemble de textes qui furent à l'origine du système scolaire français se dégage l'idée que le lycée, le collège, à un moindre degré l'école, devaient être dotés d'une identité, d'un projet, d'une équipe et surtout d'une gouvernance autonome. L'attention aux initiatives des enseignants, l'encouragement aux adaptations et aux innovations, la volonté de reconnaître la personnalité de l'établissement étaient présentés comme inspirés par l'esprit d'autonomie scolaire qui prévalait à l'époque. On encourageait alors les différences de styles et de politiques pédagogiques comme un moyen de réussite du projet éducatif, sans y voir une menace pesant sur l'égalité, à la condition bien sûr que le *curriculum* national soit enseigné.

Avec de telles origines, comment expliquer que l'autonomie scolaire soit encore une cause si contestée, même si elle est un peu plus audible depuis les années 1980 ? Que s'est-il passé entretemps ? Comment expliquer que ce qui était au début du XXe siècle une résolution forte et une réalité institutionnelle ait progressivement disparu du système scolaire et laissé la place à une uniformisation et à un pilotage centralisé, qui s'est renforcé dans les années 1960, au moment où le nombre d'enfants scolarisés augmenta de façon spectaculaire ?

Les initiatives libérales face à l'augmentation considérable du nombre d'élèves

En dépit de réformes importantes, comme la séparation entre enseignement primaire, secondaire et universitaire, les libéraux républicains ne parvinrent pas à imprimer une marque définitive sur l'organisation de l'Éducation nationale française[21]. Plusieurs raisons peuvent expliquer ce succès mitigé. D'abord, l'augmentation rapide en quelques décennies du nombre d'établissements scolaires. À la fin du XIXe siècle, on comptait sur tout le territoire français une centaine de lycées et environ 220 collèges, dans lesquels étaient inscrits 50 022 lycéens (pour la totalité du cycle secondaire) et 32751 collégiens (élèves des lycées communaux). Par contraste, il existe aujourd'hui 3750 lycées (donc trente fois plus, qui accueillent 1 604 000 élèves en formation générale et technologique et 638 650 autres en formation professionnelle), auxquels s'ajoutent 6950 collèges (au sens d'aujourd'hui, le cycle de la 6ᵉ à la 3ᵉ: 3414350 élèves). Même si l'augmentation du nombre d'établissements fut très progressive jusqu'après la Deuxième Guerre, les superviser de façon décentralisée dans le respect des « initiatives locales » a paru de moins en moins praticable et surtout beaucoup plus complexe qu'un pilotage direct.

Par ailleurs, les deux conflits mondiaux, et surtout la lente reconstruction de la France en partie dévastée après la Première Guerre mondiale, ont conduit à une concentration de l'action publique dans tous les domaines. L'engagement de laisser les directeurs, les enseignants, les conseils trouver des solutions adaptées dans un esprit de confiance n'était plus à l'ordre du jour dans un pays où les ressources étaient rares, les forces d'encadrement décimées et où la survie semblait dépendre d'une reprise en main par l'État de services défaillants. Les bienfaits des décisions décentralisées furent oubliés. Cette évolution est sensible dans des textes réglementaires émanant du ministère de l'Éducation nationale et dans les recommandations relatives à l'organisation de l'enseignement scolaire, qui sont de plus en plus nombreuses et détaillées[22].

Après la Seconde Guerre mondiale, l'uniformisation de l'enseignement scolaire se renforça. Une gestion centralisée et l'imposition de pratiques pédagogiques standardisées se généralisèrent face à l'augmentation rapide du public scolaire, surtout pour le collège et le lycée, moins dans le primaire[23]. En l'espace de soixante-dix ans, entre 1945 et 2015, le nombre d'élèves enrôlés dans l'enseignement public (tous cycles confondus) est passé de 5,5 à 13 millions, et le nombre d'enseignants de 190 000 à environ 900 000. On parla alors d'« explosion scolaire[24] », et la multiplication des établissements déjà évoquée s'accentua fortement. Jean-Paul Delahaye rappelle que c'était l'époque où l'on commençait à construire l'équivalent d'un collège par jour. De plus, force était de constater parmi les élèves une hétérogénéité de plus en plus marquée quant à leurs origines sociales. L'introduction de la carte scolaire en 1959 a renforcé la tendance à la centralisation, elle a accentué l'uniformisation du recrutement et des modes d'évaluation des enseignants, tout comme celle de l'organisation des examens et concours, jusqu'aux consignes de l'harmonisation des notes.

Le système scolaire des années 1960, largement dirigé par les autorités administratives, pouvait donc donner l'impression d'un ensemble plus fortement marqué par son origine napoléonienne que par les principes du républicanisme. Pourquoi l'influence libérale si présente au moment de la création de l'école républicaine fut-elle si aisément effacée ? Sans doute parce que l'esprit libéral est plus une conquête qu'une donnée, une belle idée qui repose sur la confiance, sur un fort engagement de chacun ; en matière scolaire, il se nourrit de la conviction que des écoles différentes les unes des autres ne créeront ni inégalités ni différences de traitement par rapport aux objectifs nationaux. Mais l'esprit libéral est aussi plus difficile à mettre en œuvre, plus coûteux en temps et en apprentissage, du fait même de l'attention à accorder à chaque particularité, que la solution par défaut de la centralisation, de la standardisation et de la gestion directe par l'État.

Le tournant des années 1960

Pourtant, les années 1960 sont aussi le moment où de nombreuses études commencèrent à tirer la sonnette d'alarme pour signaler les baisses de performance de l'école et son caractère de plus en plus inégalitaire. Le ministère de l'Éducation nationale lui-même commença progressivement à prendre conscience du fait que, faute de marges de manœuvre et de capacités d'adaptation, les établissements scolaires n'avaient aucun moyen de réagir à cette situation nouvelle et de trouver des solutions, fût-ce au cas par cas. C'est ainsi que près de quatre-vingts ans après leur formulation et une éclipse de plusieurs décennies, les idées d'autonomie, de liberté dans l'enseignement public, d'adaptation – qui reprenaient en gros les recommandations réformistes des libéraux républicains, même si elles ne s'en réclamaient aucunement – revinrent lentement sur le devant de la scène. D'abord dans les débats et les réflexions, puis, petit à petit, dans les dispositions législatives, avec des propositions qui allaient certes dans le sens de l'autonomie, mais qui, étrangement et pour longtemps, restèrent lettre morte, sans effet sur les modes d'organisation et les pratiques des établissements scolaires.

Une première étape de cette lente prise de conscience de la part des pouvoirs publics fut le colloque, résultant d'une initiative d'enseignants, qui se tint à Amiens en mars 1968 et qui fut tout de même clôturé par le ministre de l'Éducation nationale de l'époque, Alain Peyrefitte. À la lecture des résolutions finales, on est frappé par la lucidité et la résolution qui animaient les participants : ils appelaient de manière pressante à la création d'un « nouveau modèle d'établissement », qui serait responsable de sa politique et de sa gestion. Ils demandaient que le centre de pilotage, le lieu où se décidaient les stratégies scolaires concrètes, ne fût plus l'administration centrale mais l'établissement scolaire. Surtout, le diagnostic d'ensemble porté sur le système scolaire par ces enseignants qui refusaient d'être réduits à l'impuissance devant la dégradation en cours était formulé en des termes qui semblent encore convenir à la situation d'aujourd'hui : « Condamné à une uniformité toute formelle, sans vertu réelle et du reste sans existence effective, l'établissement n'est qu'une juxtaposition d'individus, sans cohésion et sans autre liberté de manœuvre que la marge d'anarchie que sécrète obligatoirement le centralisme bureaucratique, incapable d'enregistrer la variété des besoins dans le temps et dans l'espace, incapable d'y répondre[25]. »

Au cours de ce même colloque, de nombreux autres aspects de l'autonomie scolaire, comme la mise en place de groupes de niveaux, le principe d'individualisation des parcours des élèves et surtout la possibilité laissée aux enseignants, « à l'intérieur d'une stratégie générale élaborée par les autorités supérieures, de réagir par une tactique personnelle aux problèmes concrets qu'ils rencontrent localement », étaient défendus comme autant de moyens efficaces de remédier à la détérioration de l'éducation publique. Surtout, le lien était clairement fait entre l'autonomie pédagogique et la création d'un établissement scolaire autonome animé par une équipe pédagogique cohérente : « assurer cette autonomie sans obtenir la participation du personnel enseignant à son fonctionnement n'aurait aucun sens». La condition clé est bien «d'intéresser le personnel enseignant au fonctionnement de l'établissement par la cogestion et la délégation de pouvoir». On remarquera que le même verbe «intéresser» se trouvait déjà utilisé dans le texte présentant la réforme de 1902 pour décrire l'engagement des enseignants dans la vie de leur établissement[26].

Un point de vigilance mentionné dans le rapport final prend tout son sens aujourd'hui. Les rédacteurs insistent sur la nécessité de disposer «d'un personnel formé à l'autonomie et capable de s'adapter aux changements». Ils ont déjà la conviction que le renouvellement de la formation des enseignants est une condition clé pour donner «aux professeurs et aux chefs d'établissement des responsabilités effectives et surtout la possibilité de déterminer ensemble les modalités des actions éducatives les mieux adaptées aux milieux sur lesquels elles s'exercent et même de définir une bonne part du contenu de l'enseignement dans le cadre de lignes générales formulées au plan national». De plus, la question délicate des relations entre le chef d'établissement et les enseignants au sein d'un établissement autonome n'est pas esquivée: le chef d'établissement ne doit pas seulement être un administrateur et un pédagogue, mais aussi «un animateur (...). Le style de direction du chef d'établissement influe sur l'efficacité pédagogique des enseignants»[27].

Ces recommandations, formulées il y a plus d'un demi-siècle, frappent par leur lucidité et leur pertinence, d'autant plus que le diagnostic alors porté sur l'enseignement public n'a fait que se confirmer. Autonomie, qualité de la formation des enseignants, nouveau rôle des directeurs, tout est dit. La conviction de départ, à savoir que, pour gérer la massification du système scolaire, il est nécessaire de donner de l'autonomie aux établissements, de laisser les enseignants libres de leurs méthodes, de mieux les former et de leur permettre de s'intéresser à la gestion, est restée inchangée, elle motive de la même façon ceux qui militent aujourd'hui en faveur de l'autonomie scolaire. Ces recommandations n'eurent que peu d'influence sur les pouvoirs publics, puisqu'il a fallu attendre 1985 pour qu'un statut soit enfin octroyé aux établissements scolaires. Pire encore : quelques mois à peine après ce colloque si prometteur, on constatait une tendance au renforcement de la mainmise des autorités locales et nationales sur les établissements[28].

Enfin, on débat de l'autonomie scolaire : entre libéraux et deuxième gauche

Les réflexions d'enseignants que je viens de rappeler n'étaient pas isolées, elles s'inscrivaient dans le contexte propre à la fin des années 1960 et au début des années 1970, où les thèmes de l'autogestion, de la décentralisation, de la montée en puissance des associations et de la société civile étaient de plus en plus présents dans le débat public. Les thèses de Michel Rocard appelant à la reconnaissance d'une « deuxième gauche », exposées dans son fameux discours du Congrès de Nantes en 1977, mais aussi la visibilité plus forte à gauche des courants libéraux et libertaires donnèrent une nouvelle vigueur aux discussions philosophiques, politiques et militantes menées sur l'autonomie scolaire.

On discutait aussi de l'autonomie des établissements scolaires dans les cercles militants inspirés par la Deuxième gauche et parmi les collaborateurs de la revue *Esprit*. L'autonomie des écoles était même l'un des engagements forts des partisans d'une société en mouvement dont les institutions seraient capables de s'autogérer ; elle faisait aussi écho aux réflexions menées à la CFDT sur la diversité des stratégies pédagogiques et sur l'engagement de la société dans les missions publiques. Parmi les militants, l'un des principaux porte-parole de la cause de l'autonomie fut Gabriel Cohn-Bendit, germaniste et spécialiste de pédagogie, qui contribua en 1982 à la création du lycée expérimental de Saint-Nazaire, cogéré par les enseignants et les élèves, et pratiquant, au sein du système public, une forme radicale d'autonomie organisationnelle et pédagogique, encore tolérée aujourd'hui dans cet établissement resté comme un cas isolé[29].

Qualité des débats, affiliation à des groupes syndicaux, expérimentations, dont certaines sont encore en place, voilà autant d'éléments qui auraient dû permettre à la gauche de continuer à porter la cause de l'autonomie scolaire. Étrangement, ces thèmes disparaîtront des programmes politiques, sauf au sein du courant rocardien.

En contrepoint, à droite du spectre politique, dans les années 1980 qui virent un timide retour de la pensée libérale, la cause de l'autonomie dans les services publics, et surtout à l'école, fut l'objet d'un vif intérêt. Ce sera même une cause ardemment défendue par des personnalités politiques venues du centre droit comme Alain Madelin ou Claude Goasguen, le premier n'ayant du reste pas hésité ultérieurement à souligner son accord sur certains points de l'autonomie scolaire avec les thèses de Gabriel Cohn-Bendit[30]. Dans un ouvrage publié en 1984, *Pour libérer l'école*, Alain Madelin défendait l'autonomie des établissements d'enseignement et proposait de la mettre en œuvre en avançant l'idée d'un « capital éducation » dont chaque enfant serait virtuellement doté et qui serait versé à sa famille, laquelle devrait s'en servir pour le scolariser dans l'école de son choix. Ce « capital » était censé correspondre au coût de l'éducation d'un enfant, assumé par la puissance publique. De plus, le choix des familles devait rester un choix ouvert, puisqu'on leur donnait la possibilité d'opter, dans un paysage scolaire concurrentiel, entre un établissement public, un établissement privé sous contrat ou hors contrat[31].

Cette proposition fit scandale. Beaucoup y virent la reprise du point de vue que Milton Friedman, fameux économiste américain, avait développé dans un chapitre de son livre *Economics and the Public Interest*, paru en 1955. En quelques pages, dont l'influence fut considérable, Milton Friedman y défendait la nécessité de recourir à un « chèque éducation » pour remédier aux piètres résultats des écoles américaines qui, bien que gratuites, n'apportaient, selon lui, que fort peu de bénéfices éducatifs aux enfants pauvres. Si, au lieu de financer le système scolaire de façon directe, l'État le faisait indirectement, en confiant aux familles la somme correspondant à l'éducation de chacun de leurs enfants, celles-ci étant libres de les envoyer dans l'école qu'elles voudraient, les écoles mises en concurrence seraient incitées à présenter une offre éducative attrayante, ce qui les conduirait à améliorer leurs résultats[32].

Si Alain Madelin reprenait en effet la suggestion de Milton Friedman, elle avait dans son ouvrage une portée différente. Car en toute justice, c'était l'autonomie scolaire bien plus que le chèque éducation qui était au cœur de sa pensée, autonomie en faveur de laquelle il proposait un vigoureux plaidoyer et qu'il s'efforçait de ne pas faire dépendre de tel ou tel postulat. Le « capital éducation » était surtout vu par lui comme une « utopie constructive » pour illustrer la nécessité d'une garantie éducative accordée à chacun et dont la certitude libérerait le choix des familles. Dans cette perspective, ce « capital éducation » paraissait être un moyen, parmi d'autres, de créer une situation où l'établissement scolaire serait en quelque sorte obligé de présenter une offre éducative élaborée de façon autonome et qui le distinguerait des autres, puisque son financement dépendrait de l'évaluation que les familles en feraient (dans le cadre d'un *curriculum* national commun). Le même résultat pouvait du reste être atteint, selon Alain Madelin, si l'État finançait directement des établissements scolaires en tenant compte du nombre d'élèves qui y étaient scolarisés, mais en les laissant libres de présenter une politique éducative propre.

Ce genre de propositions n'appelait aucunement à la privatisation de l'école publique, puisque la puissance publique continuait de jouer son rôle de financeur et de superviseur et que les seuls responsables du projet étaient les enseignants et le directeur. Il ne s'agissait pas non plus de faire rêver à un grand soir où la libre entreprise pédagogique se substituerait à une éducation nationale. L'autonomie signifiait d'abord le recentrement de la politique scolaire dans les établissements, et le plaidoyer pour la liberté vantait surtout la valeur de l'initiative pédagogique, ses effets bénéfiques sur la motivation des enseignants et la nécessité de leur faire confiance, ainsi que le droit pour les parents de choisir l'établissement scolaire où leur enfant serait scolarisé sans être contraints par la carte scolaire[33]. De plus, les écoles autonomes comme les voyait Alain Madelin étaient publiques, gratuites (sans frais de scolarité supplémentaires, même dans l'hypothèse d'un chèque éducation) et ne sélectionnaient pas leurs élèves. Surtout, le but poursuivi était l'amélioration du système scolaire, l'émulation entre des offres éducatives différentes devant conduire à une meilleure qualité d'ensemble. Enfin, Alain Madelin demandait qu'on expérimentât ce dispositif afin d'en tester concrètement l'efficacité ; il appelait à la création de 500 lycées expérimentaux autonomes censés montrer, chacun à sa façon, comment il est possible de concilier fortes exigences scolaires, obligation de résultats et liberté dans les moyens de l'enseignement[34]. Ces réflexions, pourtant fort nourries à l'époque, restèrent longtemps sans postérité dans les programmes politiques de droite, jusqu'à leur réémergence dans les programmes électoraux de François Fillon en 2017 et de Valérie Pécresse en 2022.

Des évolutions législatives notables, des lois vers une autonomie progressive, mais sans effet sur les pratiques ni l'action publique

Les travaux dont témoignent les conclusions du colloque d'Amiens citées plus haut, ainsi que les convictions politiques et militantes que je viens de rappeler, formulées à droite comme à gauche du spectre politique, ont conduit incontestablement à une prise de conscience collective du fait que, ne disposant que d'une très faible autonomie, les établissements scolaires n'étaient pas en mesure de réagir aux évolutions de l'école et donc d'adapter les recommandations nationales au contexte local. La pression s'accentua sur la puissance publique pour qu'elle s'engage à octroyer un peu plus d'autonomie aux établissements scolaires. Témoignent de cette évolution les dispositions législatives successives, adoptées par des gouvernements de droite comme de gauche à partir des années 1970, pour déléguer des capacités de décision aux pouvoirs locaux mais aussi aux établissements publics. Au cours de la décennie qui suivit, dans le nouveau contexte créé par la loi de décentralisation de 1982, qui conférait d'importantes responsabilités éducatives aux conseils généraux et régionaux (financement des lycées et collèges, formation professionnelle), fut également pris un engagement de « déconcentration », qui consistait à transférer en partie les pouvoirs de l'administration centrale aux niveaux intermédiaires de la hiérarchie administrative locale, en particulier aux rectorats. Ce lent cheminement vers plus d'autonomie, dont je rappellerai les principales étapes, aboutit à une loi promulguée en 1985, décisive en ce qu'elle donnait un statut aux établissements publics. Toutefois, bien que certaines de ces dispositions législatives aient été riches de promesses, promesses que des textes législatifs ultérieurs développèrent et précisèrent, elles ont en fait peu contribué à changer la nature du système scolaire ou à faire avancer dans la réalité de chaque établissement la cause de l'autonomie. Les développements qui suivent permettront de comprendre pourquoi.

La lente transformation de l'action publique en matière éducative

Une première mesure, prise dès 1962, avant même l'éveil des consciences évoqué plus haut, faisait déjà des chefs d'établissement non plus des « personnels administratifs », mais « des personnels de direction et d'éducation », une façon d'affirmer leur lien au corps des enseignants et leur rôle de *leaders* pédagogiques, comme l'avait fait la circulaire inaugurale de 1902, qui semblait avoir été depuis totalement oubliée[35]. Dans la même veine, quelques années plus tard, en octobre 1968, un ensemble d'arrêtés dotèrent l'établissement scolaire d'un Conseil d'administration, première esquisse d'une forme d'autogouvernement, même si ce Conseil demeurait placé sous l'autorité directe de l'État, ne faisait que donner son avis et n'était en rien décisionnaire.

Alors qu'il était fort peu question dans les textes réglementaires de l'époque d'autonomie pédagogique, on perçoit une évolution dans la loi du 11 juillet 1975, dite loi Haby, qui reconnut l'identité de « communauté scolaire » à l'établissement. Il s'agissait toujours d'un « établissement public national », mais auquel était octroyée une dose d'autonomie administrative, et qui était autorisé à la marge et dans certains cas à mettre en œuvre, si nécessaire, des « aménagements particuliers et actions de soutien » pour les élèves en difficulté, voire à proposer un enseignement adapté, des activités d'approfondissement et même des « dérogations pour la réalisation d'une expérience pédagogique ».

Avec la création du collège unique en 1978, est reconnue au collège une forme d'autonomie pédagogique, les décrets précisant que, la mise en œuvre d'une telle mesure ne pouvant se faire au moyen de « structures pédagogiques uniformes » : il devenait dès lors nécessaire de promouvoir une « responsabilité des établissements » et une « pédagogie de la réussite ». Cette mention, bien que fort timide, d'un établissement autonome allait de pair avec la proposition faite au même moment d'introduire un minimum de souplesse dans la gestion des horaires et surtout avec l'octroi d'une dotation horaire globalisée, assortie d'une relative liberté d'utilisation. Il faut de plus noter une innovation remarquable : les établissements étaient laissés libres de proposer les dispositifs qui leur paraissaient nécessaires pour aider les élèves à consolider leurs acquis afin d'éviter que ces derniers ne fussent d'emblée affectés en classes préprofessionnelles (en organisant des groupes d'effectifs réduits ou des groupes de niveau, en proposant des aides personnalisées)[36]. Ce sont de courageuses et louables suggestions, mais qui, plus de quarante plus tard, sont restées à l'état de formules et n'ont été que fort peu traduites dans la réalité.

Les circulaires fondatrices des Zones d'éducation prioritaire (ZEP) entre juillet et septembre 1981 furent une autre étape décisive, puisqu'elles visaient à favoriser la responsabilisation des acteurs locaux. L'idée de « projets de zone », promouvant les initiatives locales, paraissait alors un moyen de lutter contre l'inégalité scolaire, chaque projet étant appuyé sur un diagnostic d'ensemble et présenter un plan de rénovation pédagogique dont l'effet devait se faire sentir aussi sur l'environnement. Enfin, une clause d'obligation de résultats était mentionnée. Toutefois, les responsabilités de ces acteurs locaux étaient limitées, dans la mesure où, pour finir, les recteurs restaient directement responsables du projet.

Après le vote des lois de décentralisation de 1982 et de 1983 qui créèrent un contexte favorable à la montée en puissance des acteurs de terrain, la notion de projet d'établissement ou plutôt de « projet d'action éducative » fit son chemin. On voit en effet se concrétiser l'idée d'accorder une autonomie pédagogique, administrative et financière à l'établissement. Il est ainsi de plus en plus question de concertation, de responsabilité, d'association de tous les acteurs, de prises d'initiative et de souplesse accrue dans la gestion des horaires, chaque établissement devant se fixer des objectifs et décider de l'affectation des moyens pour y parvenir.

Enfin, étape décisive de cette évolution, la loi du 30 août 1985, proposée par le ministre de l'Éducation nationale Jean-Pierre Chevènement, confirma pour les collèges et lycées le statut d'établissement public local d'enseignement (EPLE), premier pas vers la reconnaissance officielle de l'autonomie scolaire. Quatre ans après, la loi d'orientation de 1989 esquissa quant à elle une forme d'autonomie pédagogique et administrative, encore très limitée, mais où étaient quand même mentionnés le besoin d'un projet d'établissement, les droits des élèves, un budget globalisé, ce qui donnait en théorie la possibilité de moduler les emplois du temps[37]. Mais, là encore, il ne s'agissait que de possibilités de façade sans moyens alloués et sans que soient réunies les conditions d'une mise en œuvre. Surtout, aucune de ces dispositions ne concernait les écoles primaires qui n'ont pas à proprement parle de statut et qui font seulement l'objet d'une compétence partagée entre l'État et les communes, ce qui rendrait juridiquement difficile à première vue de leur attribuer l'autonomie.

Des possibilités offertes par les dispositions législatives, mais non suivies d'effet

À la fin des années 1980, les thèmes de la décentralisation (ou davantage de responsabilités données aux autorités locales) et de la déconcentration (ou montée en puissance des représentants locaux de l'État et transfert de pouvoir de l'administration centrale aux rectorats) s'imposèrent dans le débat public et créèrent un contexte favorable à la reconnaissance, au moins formelle, d'une forme d'autonomie scolaire. Une première étape fut la mention du terme « autonomie » dans l'article 2 de la loi d'orientation pour l'avenir de l'école (dite loi Fillon) votée en 2005 : « Les collèges, les lycées, les établissements d'éducation spéciale disposent en matière pédagogique et éducative d'une autonomie qui s'exerce dans le respect des dispositions législatives et réglementaires en vigueur ainsi que des objectifs pédagogiques et éducatifs fixés par le ministère de l'Éducation nationale et les autorités académiques. » Dans cette même loi, il était précisé qu'une telle autonomie portait sur l'organisation de l'établissement en classes et groupes d'élèves, l'emploi des dotations d'heures d'enseignement, l'ouverture sur l'environnement social, culturel et économique. Liberté était également donnée à l'établissement de définir des choix de sujets d'étude spécifiques.

Deuxième étape : l'évidence que l'autonomie d'un établissement n'est réelle que lorsqu'elle est incarnée dans un projet qui détaille les principes de la stratégie éducative librement choisie. La loi prévoyait ainsi pour chaque établissement secondaire : « un projet d'école ou d'établissement élaboré avec les représentants de la communauté éducative » et adopté pour trois ans sur proposition de l'équipe pédagogique[38]. Ce projet d'établissement était censé viser à la réussite scolaire de tous les élèves par la mise en œuvre d'une pédagogie efficace et active. Le thème de l'expérimentation fut repris huit ans plus tard dans la loi du 8 juillet 2013, loi d'orientation et de programmation pour la refondation de l'école de la République, qui évoque dans son article 16 l'expérimentation dans l'usage de moyens d'enseignement[39]. Cette même loi instaura à son tour des contrats d'objectifs tripartites entre l'État (représenté par le recteur d'Académie), la collectivité territoriale et l'établissement. Toujours dans le but de laisser des marges de manœuvre plus importantes aux équipes pédagogiques locales, elle introduisit aussi une faible dose d'autonomie dans certains établissements (20 %), sous des conditions assez rigides[40].

Des évolutions législatives déconnectées de la réalité

À lire le détail de ces textes législatifs et réglementaires où tous les mots clés, marqueurs de l'autonomie scolaire, semblent déjà présents, on se demande pourquoi il est encore nécessaire aujourd'hui de plaider la cause de l'autonomie et pourquoi les pouvoirs publics la présentent comme toujours à venir, à l'instar de ces « écoles du futur » dont parlait en juin 2022 à Marseille le président de la République. De même, alors que l'article 34 de la loi d'orientation de 2005 autorisant les établissements à expérimenter était présenté en son temps comme une innovation majeure et décisive, il faut rappeler que l'article 18 de la loi de 1975, votée trente ans plus tôt, disait en substance la même chose : le projet d'établissement et la liberté dans l'usage des heures d'enseignement y étaient déjà mentionnés. Texte de loi après texte de loi, les mêmes formules sont répétées, comme si les dispositions législatives adoptées quelques années plus tôt n'avaient pas eu d'effet sur la réalité, ou bien comme si les législateurs n'envisageaient pas qu'elles pussent en avoir. Un exemple surprenant en est que, huit ans après la loi de 2005, les rédacteurs de la loi de 2013 utilisèrent le terme d'« expérimentation » comme quelque chose de nouveau, alors qu'il était déjà mentionné dans la loi de 1975 ! Il est difficile de penser qu'ils ignoraient le travail de leurs prédécesseurs ; ne faut-il pas y voir plutôt de leur part l'aveu que les possibilités d'autonomie et d'expérimentation ouvertes en 2005 (et même déjà en 1975) sont restées lettre morte, et que, dans les faits, autonomie et expérimentation n'ont jamais été mises en œuvre ?

Pire encore : entre 2013 et 2022, dix ans se sont écoulés et rien n'a changé. On constate le même décalage entre les formules présentes dans les lois et la réalité du terrain. En 2013, la loi affirmait que « la politique de réussite éducative pour tous les élèves doit s'accompagner de marges de manœuvre en matière de pédagogie afin de donner aux équipes locales la possibilité de choisir et de diversifier les démarches ». Mais au début de 2019, dans une lettre adressée aux enseignants avant la présentation de la loi pour une école de la confiance, le ministre de l'Éducation nationale défendait comme sa contribution propre leur « droit à l'expérimentation pédagogique (…) pour développer des projets innovants ». De même, alors qu'on déclarait en 2013, dans le projet de loi, que « l'innovation pédagogique renforce l'efficacité des apprentissages » et qu'on faisait injonction au ministère de l'Éducation nationale « de prendre des initiatives, s'appuyant sur les milieux associatifs, souvent à l'origine de la mise en place d'actions innovantes, afin de repérer et de diffuser les innovations les plus pertinentes », le Collectif des associations partenaires de l'école soulignait en réponse le « manque de dynamique de débats, d'implication et de co-construction mobilisant l'ensemble de la communauté éducative, sans oublier les jeunes, les familles et les partenaires de l'École (associations et collectivités) ».

Surtout, alors qu'en 2013, le législateur parlait d'« utilisation raisonnée de l'autonomie » et affirmait que « la concertation et la collégialité » devaient être « au cœur de la vie des établissements », sous « l'autorité des personnels de direction », le rapport annuel des Inspections générales (IGEN et IGAENR), rendu public en 2019 et entièrement consacré à l'autonomie des établissements scolaires[41], témoignait de la façon dont était vue l'autonomie. Certes les inspecteurs mentionnaient l'impact généralement positif de l'autonomie, et leur engagement en sa faveur était perceptible, mais ils appelaient surtout à la vigilance sur les difficultés de construire un projet partagé, de le piloter et de procéder à une évaluation rigoureuse des résultats et des parcours d'orientation des élèves. Autrement dit, près de vingt ans après la loi qui mettait le projet éducatif au cœur de la vie de l'établissement, le rapport des inspecteurs reconnaissait que l'autonomie qu'un tel projet était censé rendre possible n'était pas encore de mise. C'est dire combien les injonctions à l'autonomie et à l'expérimentation dans la vie des établissements français étaient restées jusque-là en partie vides de réalité.

Des belles paroles et des verrous partout

Comment expliquer un tel contraste entre les formules audacieuses des lois votées par la représentation nationale et le faible degré de réalité de l'autonomie dans la vie concrète des établissements ? Comment expliquer ce que beaucoup de témoins désignent aujourd'hui comme une centralisation accrue du système éducatif? Certes, depuis 1970, les inspecteurs d'Académie ne président plus les conseils et on ne peut plus dire que les chefs d'établissement sont les exécutants de décisions toutes faites. Mais les possibilités d'autonomie esquissées par les lois n'ont pas pu être mises en œuvre, l'espace où elles auraient pu l'être n'a pas été libéré et les responsables locaux n'y ont pas vu de véritables opportunités.

Les formules sont là, assurément, mais les verrous aussi. Les établissements scolaires d'aujourd'hui sont gérés par le décret du 30 août 1985 (à l'exception des écoles primaires). On leur accorde l'autonomie en matière pédagogique et éducative mais, dans les faits, leurs objectifs pédagogiques et éducatifs sont supervisés et contrôlés par le ministère[42]. Certes les révisions régulières dont le décret de 1985 a fait l'objet ont élargi les secteurs où cette autonomie de papier dévolue aux établissements pouvait s'appliquer : on y a ajouté les modalités de la vie scolaire, la préparation de l'orientation, l'insertion sociale et professionnelle. Mais avec prudence et sans que cela corresponde à de véritables marges de manœuvre. Par exemple, les dotations horaires, censées être utilisées librement, devaient l'être dans le respect des obligations résultant des horaires réglementaires, et elles restaient de toute façon assez limitées. Et pourtant, l'arrêté du 19 décembre 2006 précisait que le professeur « exerce sa liberté et sa responsabilité pédagogique dans le cadre des obligations réglementaires et des textes officiels » (les programmes ou le nombre d'heure dévolues à chaque discipline). Les textes officiels semblent tous clairement afficher la liberté pédagogique des enseignants.

Un tel immobilisme a résulté d'un manque d'engagement de la part des pouvoirs publics, de l'absence d'une réflexion sérieuse sur les réticences que la mise en œuvre de l'autonomie rencontrait au sein même de l'État et de l'administration, réticences enracinées dans la culture politique française. Il a résulté par ailleurs du flou maintenu sur des points clés, comme le rôle du chef d'établissement et de la formation des enseignants et directeurs. Surtout, n'étaient pas donnés aux acteurs locaux les moyens de mettre en œuvre une autonomie qu'on promettait en formules. Faute d'engagement fort de l'État, de travail de proximité, d'offres de formation et de moyens de valorisation adaptés, il y eut peu de progrès vers l'autonomie. La persistance des pratiques bureaucratiques, due à l'habitude du travail dans un cadre réglementaire contraignant en raison surtout des directives venant du ministère, due aussi au fait que les détenteurs de positions intermédiaires ont cherché à disposer d'un pouvoir accru, le processus de « déconcentration » les conduisant à interpréter leurs responsabilités nouvelles comme un renforcement de leur devoir de contrôle, a bloqué une évolution possible.

Du côté des enseignants, le faible engagement en faveur de l'autonomie est venu du sentiment de devoir essuyer les plâtres d'injonctions qui n'étaient pas perçues comme sincères ou engageantes de la part des pouvoirs publics, du manque de gratifications et de rémunérations adaptées et de l'absence de formation ciblée, ce qui, dans un contexte de restriction budgétaire, a fortement réduit la confiance. Ne voulant pas être réduits à subir les effets d'évolutions auxquelles ils n'avaient guère contribué, ils réagirent le plus souvent en défendant une conception assez individualiste de leur métier.

En conclusion, l'autonomie scolaire a un peu progressé en France depuis une quarantaine d'années. Dans les faits, elle n'existe que par petites touches, dans des niches, à titre d'aménagements qui restent toujours marginaux. L'établissement scolaire n'est encore qu'un service « déconcentré de l'État », selon l'expression de Jean-Paul Delahaye. Certes le terme d'autonomie est apparu la première fois dans le décret du 28 décembre 1986 mais, malgré cela, aujourd'hui encore, le conseil d'établissement n'a guère de pouvoir de décision, la seule autonomie de décision étant celle du chef d'établissement, lequel statue en tant que représentant du ministre et en son nom. Dans un tel contexte, l'autonomie est largement privée de réalité.

Surtout, à aucun moment les lois n'ont institué l'autonomie scolaire comme un principe fondateur. À aucun moment il ne s'est agi de revendiquer une organisation d'ensemble de l'Éducation nationale qui porte les valeurs d'autonomie et en inclut les éléments clés : un style pédagogique, une stratégie d'enseignement et une identité propres à chaque établissement scolaire, comme l'avaient espéré les premiers ministres de l'Instruction publique de la IIIe République[43].

Par une initiative remarquable, la revue *Administration et Éducation* avait publié en 2015 un ensemble d'études entièrement consacrées à l'autonomie, lesquelles n'hésitaient pas à discuter des modalités d'une éventuelle application d'une réforme de ce type en France[44]. Le mérite de ce travail était d'être centré sur les enseignants, qui devaient être les principaux acteurs de l'autonomie. Mais qui en sont aussi dans la réalité les principaux opposants. La perspective de rendre plus autonomes les établissements scolaires est en effet régulièrement débattue au sein des instances syndicales de l'Éducation nationale. Elle y est en général attaquée, souvent à titre préventif, les critiques formulées étant largement relayées par les médias et pour cette raison bien connues du grand public.

Mais en dépit de l'hostilité de principe exprimée dans les propos, les arguments avancés soulèvent de vrais problèmes qui mériteraient d'être discutés en dehors d'un contexte polémique : c'est le cas en particulier des objections qui ont trait à l'étendue de l'autonomie, aux conséquences qu'elle pourrait avoir (sur la réussite des élèves et les ambitions d'égalité de l'Éducation nationale) ou à la nature des relations hiérarchiques entre directeur et enseignants d'un établissement : quelle légitimité pourrait revendiquer le chef d'établissement dans cette nouvelle fonction[45] ? Les enseignants seraient-ils associés au recrutement de leurs futurs collègues ? L'autonomie des écoles ne risquerait-elle pas de provoquer une fragmentation du système scolaire et un accroissement des inégalités ? Ce sont des interrogations pertinentes, sur des points dont on sait maintenant qu'ils sont des éléments clés pour la réussite ou l'échec d'une telle mesure et qui mériteraient d'être discutés sans préjugés.

3.

Pourquoi l'autonomie ?

Depuis une trentaine d'années, en Suède, aux États-Unis et en Angleterre, des réformes d'envergure ont consisté à octroyer davantage d'autonomie aux écoles et établissements publics.

Les raisons qui plaidèrent en faveur de l'autonomie scolaire étaient chaque fois les mêmes : d'abord, une insatisfaction majeure devant l'état du système scolaire en termes de performances et d'égalité ; ensuite, le souhait de donner aux parents d'élèves le choix d'une pluralité d'offres éducatives se distinguant par leurs méthodes pédagogiques, au sein même du système public, dans l'espoir qu'il en résulterait une vertueuse émulation et une amélioration d'ensemble ; enfin, la volonté d'engager davantage les familles dans la construction du meilleur système scolaire, afin que l'éducation ne soit pas l'affaire simplement de l'État mais aussi de la société (associations, fondations, et, en Suède, entreprises). Ces raisons valent-elles pour la France ? Sinon, pourquoi ?

Raison n° 1
Remédier aux insuffisances du système scolaire ? L'état de l'école en France

La revendication d'autonomie a été, dans tous les cas cités plus haut, liée à la volonté de créer un meilleur système éducatif ; elle était vue comme un moyen de favoriser la croissance économique et la mobilité sociale, de nombreuses études attestant une nette corrélation entre qualité du système éducatif, d'une part, et performances économiques et dynamisme social, d'autre part[1]. C'est ainsi que le gouvernement suédois, en créant les écoles libres dès les années 1990, avait voulu faire du système suédois le meilleur système public d'éducation en Europe par ses résultats et son impact sur la société[2]. Au même moment, le lancement aux États-Unis des *charter schools*, ou écoles publiques à charte, l'équivalent de ce que seraient en France des écoles publiques sous contrat, affichait l'objectif de renforcer la mobilité sociale, d'assurer un taux élevé d'employabilité et de mettre fin à une forme de ségrégation sociale, l'école publique américaine se montrant incapable de faire réussir des enfants issus des quartiers défavorisés où vivent d'importantes minorités ethniques. La volonté de remédier aux défaillances des écoles publiques et surtout à la faible offre de places a également inspiré la réforme des *free schools* en Angleterre[3].

L'objectif poursuivi était de mettre fin à l'échec programmé des écoliers les plus pauvres. Bien que les pays concernés aient chacun présenté une situation singulière, selon l'importance des populations immigrées et le degré plus ou moins élevé de mixité sociale, surtout dans les secteurs urbains et péri-urbains, l'autonomie scolaire, pédagogique et de gestion, a paru chaque fois être la solution pour améliorer leurs résultats. La mesure la plus spectaculaire dans ce domaine fut prise aux États-Unis, puisque, à partir de la fin des années 1990, les écoles publiques qui ne parvenaient pas à obtenir de bons résultats pour leurs élèves les plus défavorisés furent incitées à se transformer en *charter schools*, surtout dans les quartiers dotés d'une importante population immigrée[4].

Il est incontestable qu'une forte ambition pour l'école existe aussi dans notre pays. Elle est portée par les pouvoirs publics, l'administration, le corps enseignant, les parents, et ceux qui participent d'une façon ou d'une autre au système éducatif. Les nombreuses mesures prises par les précédents ministres de l'Éducation nationale, surtout Najat Vallaud-Belkacem et Jean-Michel Blanquer, principalement en faveur des établissements situés en REP[5], en témoignent, tout comme le fait que la plupart des candidats à l'élection présidentielle de 2022 ont souligné la nécessité d'un *big bang* éducatif, chacun affirmant son engagement à faire de l'école le principal levier de la mobilité sociale et de la croissance de demain. Ce n'est pas chose nouvelle du reste, les gouvernements de droite ou de gauche qui se sont succédé au cours des dernières décennies ont tous voulu proposer leur réforme de l'Éducation nationale.

L'accord semble donc général pour considérer qu'il est nécessaire de réformer le système scolaire dans un dessein de survie démocratique, de justice sociale et de dynamisme économique. Et à juste titre : les résultats des élèves, surtout les plus modestes, les conditions de travail des enseignants, ainsi que le manque de suivi de leur carrière, tout comme le flou persistant autour du rôle de directeur d'établissement, sans même parler de l'absence de reconnaissance sociale dont souffrent professeurs et éducateurs, constituent un tableau inquiétant de l'état de l'école publique de notre pays.

Côté élèves : des résultats en baisse et une inégalité accrue

Si l'ambition est là, les résultats en revanche restent décevants. Les récentes enquêtes PISA, en accord avec les autres études dont le système éducatif français fut l'objet au cours des dernières années, montrent que les élèves français n'ont pas de bons résultats. Ils réussissent moins bien en mathématiques et en français qu'il y a une vingtaine d'années.

Par ailleurs, l'école française est de plus en plus inégalitaire, autrement dit, elle ne permet plus la réussite des élèves les plus modestes, bien qu'elle soit gratuite, laïque et obligatoire. Elle forme très bien une minorité d'élèves, tandis qu'un peu plus de 20 % des écoliers, issus pour la plupart de milieux défavorisés, achèvent leurs cinq années de scolarité primaire sans maîtriser la lecture ni l'écriture[6].

Les éléments qui suivent concernent principalement différents aspects de l'organisation scolaire au collège et au lycée. Ils ne reflètent pas la situation exacte des écoles primaires, mais indiquent une tendance qui est également présente dans les classes du CP au CM2.

Des performances scolaires en baisse

Un premier signe alarmant de la détérioration des résultats scolaires des élèves tient à la part de ceux qui ont de mauvais résultats en mathématiques et en sciences (ou, selon la terminologie de l'étude PISA, en culture mathématique et scientifique). Les résultats des enquêtes PISA menées en 2018 sur l'ensemble des pays de l'OCDE montrent ainsi qu'environ 20 % des élèves de quinze ans obtiennent de piètres résultats aux tests censés apprécier un niveau passable (alors qu'en moyenne, dans les pays considérés, seuls

15 % des élèves ne parviennent pas à effectuer ces tests)[7]. La France se situe donc dans la moyenne basse des pays de l'OCDE en mathématiques et en sciences.

Une baisse des résultats est également constatée en matière de compréhension de l'écrit. D'après les données relevées en 2018, toujours dans le cadre de l'enquête PISA menée en France sur des élèves de quinze ans, il apparaît que pour un cinquième d'entre eux la compréhension de l'écrit est jugée insuffisante. Là encore, ce résultat se situe dans la moyenne basse des pays de l'OCDE. Si on le compare aux résultats obtenus lors de l'enquête menée une 2009, on n'observe aucune amélioration, malgré une réforme d'envergure mise en œuvre en 2013[8].

Les figures suivantes montrent, pour la première, la proportion d'élèves de quinze ans qui ont de médiocres résultats aux épreuves de culture mathématique et de culture scientifique en 2018 ; pour la seconde, la proportion d'élèves de quinze ans ayant obtenu des résultats insatisfaisants à l'épreuve de compréhension de l'écrit en 2009 et 2018.

Des performances scolaires des élèves corrélées au statut économique, social et culturel (SESC) des parents

L'un des enseignements les plus frappants de l'enquête PISA conduite en 2018 est le constat d'une corrélation nette entre les résultats des élèves (surtout pour la compréhension

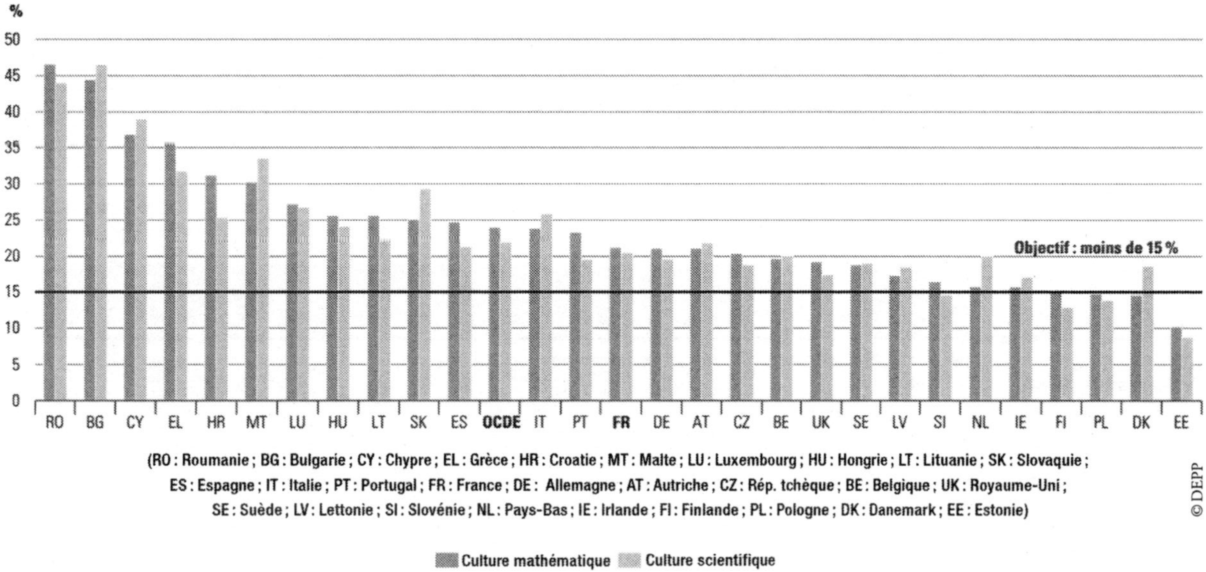

Source : Direction de l'évaluation de la prospective et de la performance, *L'Europe de l'éducation en chiffres*, 2020, 3e édition, p. 61. (https://archives-statistiques-depp.education.gouv.fr/Default/doc/SYRACUSE/46287/l-europe-de-l-education-en-chiffres-2020-3em-edition-robert-rakocevic-yann-fournier?_lg=fr-FR)

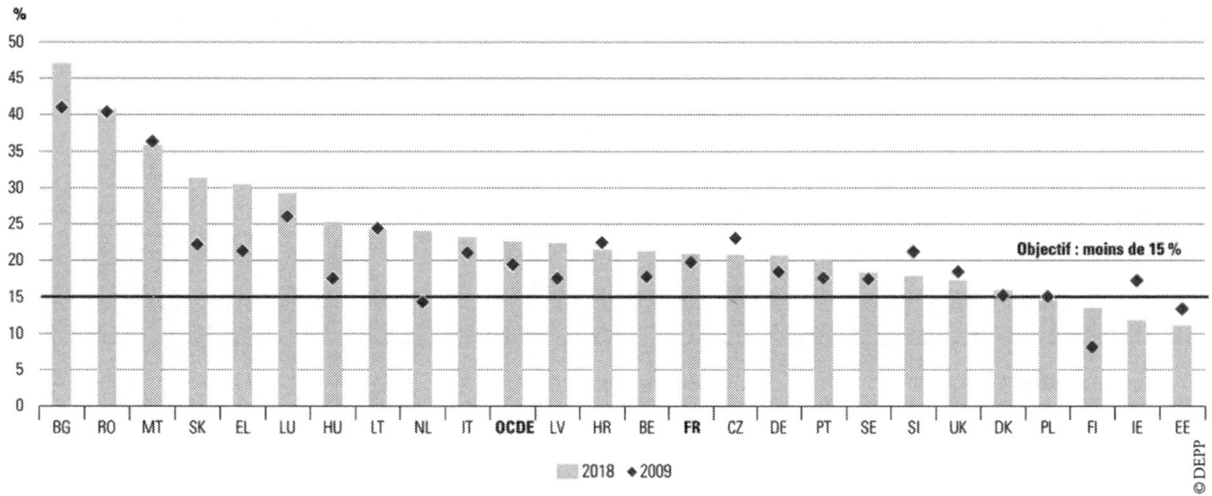

Source : Direction de l'évaluation de la prospective et de la performance, *L'Europe de l'éducation en chiffres*, 2020, 3e édition, p. 61. (https://archives-statistiques-depp.education.gouv.fr/Default/doc/SYRACUSE/46287/l-europe-de-l-education-en-chiffres-2020-3em-edition-robert-rakocevic-yann-fournier?_lg=fr-FR)

de l'écrit) et le statut social et économique de leurs parents (établi à partir de différentes données, dont le niveau d'éducation et la nature de l'activité professionnelle). La comparaison avec d'autres pays de l'OCDE montre que c'est en France qu'une telle corrélation est la plus marquée, ce qui contribue à mettre notre pays au nombre des plus inégalitaires d'Europe en matière de résultats scolaires. Il apparaît que la condition socio-économique des familles est une condition assez déterminante pour prédire l'avenir scolaire de l'enfant. Une école où il est peu probable que des enfants issus de milieux défavorisés puissent avoir une bonne scolarité est une école qui ne permet plus la mobilité sociale[9].

La figure suivante présente le score moyen obtenu en 2018 par les élèves français à l'épreuve de compréhension de l'écrit selon le statut économique, social et culturel de leurs parents. Dans cette enquête menée sur des élèves de quinze ans, on observe également que l'écart entre les élèves défavorisés (carrés sur la figure) et favorisés (triangles) est grand, à vrai dire le plus grand, si on le compare aux autres pays de l'OCDE : 107 points séparent en effet le score de compréhension écrite des élèves issus de milieux défavorisés et celui de ceux issus de milieux favorisés. Là encore, on constate que la France est dans la moyenne basse, voire très basse des pays européens.

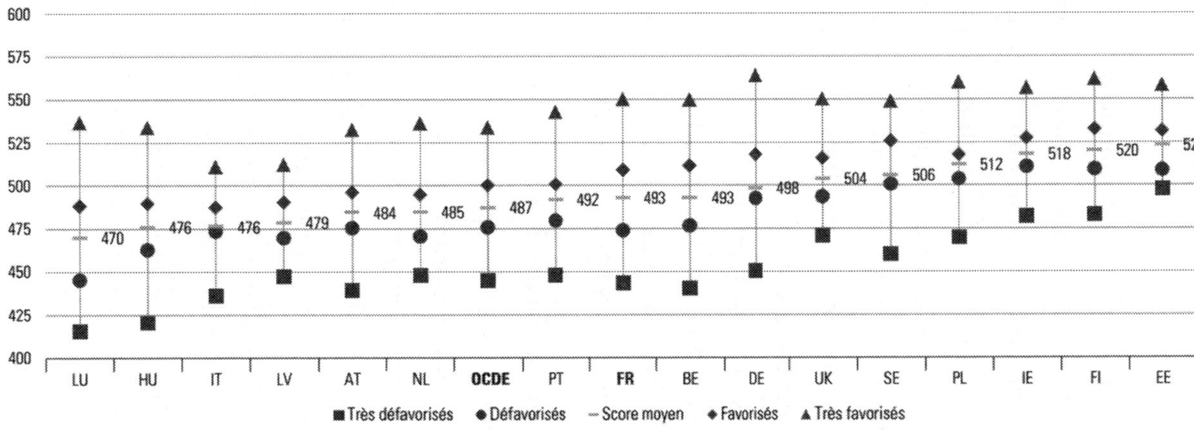

Source : Direction de l'évaluation de la prospective et de la performance, *L'Europe de l'éducation en chiffres*, 2020, 3e édition, p. 63. (https://archives-statistiques-depp.education.gouv.fr/Default/doc/SYRACUSE/46287/l-europe-de-l-education-en-chiffres-2020-3em-edition-robert-rakocevic-yann-fournier?_lg=fr-FR)

Enfin, dernier élément de ce sombre tableau, les enfants issus des populations immigrées sont en moyenne ceux qui ont les plus mauvais résultats scolaires. Cette tendance s'observe dans tous les pays de l'OCDE, mais elle est particulièrement marquée en France.

Des conditions d'enseignement en deçà des standards de l'OCDE : nombre d'élèves par classe, manque d'innovations pédagogiques, peu de recours aux technologies de l'information et de la communication

Les élèves français étudient dans des classes comptant en moyenne des effectifs plus nombreux que dans les autres pays européens. En primaire, les effectifs moyens par classe sont les plus élevés d'Europe. Depuis 2017 a été mis en place le dédoublement des classes de CP et CE1 dans les réseaux d'éducation prioritaire, selon un calendrier échelonné sur trois ans. 20 % environ des élèves de primaire sont aujourd'hui concernés par cette mesure.

Par ailleurs, les données montrent que les élèves français ne bénéficient guère des innovations pédagogiques largement utilisées dans le reste de l'Europe. Ce n'est pas dû au manque d'inventivité des enseignants français, mais au fait que le nombre important d'élèves dans leurs classes et les contraintes qui brident leur travail rendent difficile, par exemple, de faire référence à des problèmes de la vie courante ou du monde du travail (pour montrer l'utilité des savoirs acquis), d'organiser des groupes de classe (pour que les élèves apprennent à travailler ensemble et à trouver des solutions en commun), ou encore de donner des exercices différents et adaptés aux élèves jusqu'à ce qu'ils aient parfaitement compris le point abordé.

Même mise en garde que plus haut : les données ci-dessous concernent les enseignants des collèges et lycées. La situation des enseignants de l'école primaire est à plusieurs égards différente, surtout en matière de consignes d'encadrement. Mais les tendances observées pour les enseignants du secondaire reflètent celles de l'enseignement primaire.

La figure suivante montre le recours assez faible qui est fait dans le cadre de l'enseignement à des techniques pédagogiques largement pratiquées dans le reste de l'Europe. La proportion d'enseignants de CITE 2 (l'enseignement secondaire) qui déclarent les utiliser « souvent » ou « toujours », d'après les données recueillies en 2018, est dans la moyenne basse.

De plus, les élèves français bénéficient assez peu du renouvellement des stratégies de formation. L'utilisation des TICE (technologies de l'information et de la communication pour l'enseignement) reste modeste, et les élèves ont peu d'informations sur le type de pédagogie auquel leurs enseignants ont recours de façon générale, ces derniers ne leur présen-

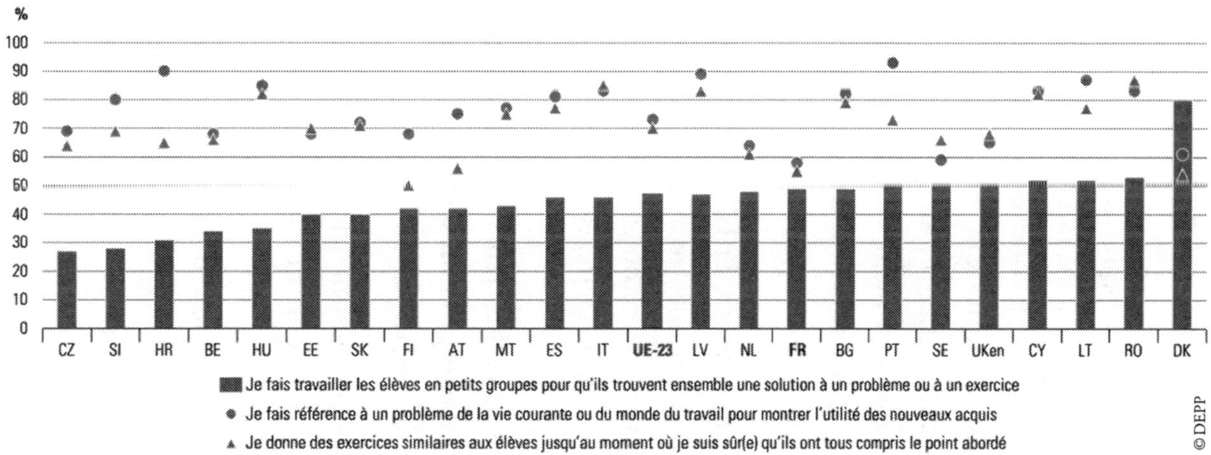

Source : Direction de l'évaluation de la prospective et de la performance, *L'Europe de l'éducation en chiffres*, 2020, 3e édition, p. 49. (https://archives-statistiques-depp.education.gouv.fr/Default/doc/SYRACUSE/46287/l-europe-de-l-education-en-chiffres-2020-3em-edition-robert-rakocevic-yann-fournier?_lg=fr-FR)

tant guère la méthode suivie pour aborder tel ou tel sujet à enseigner : 30 % des enseignants indiquent même ne jamais parler aux élèves de leurs méthodes d'enseignement. Par ailleurs, les enseignants français sont moins nombreux à imaginer des modes d'évaluation innovants, comme le fait de laisser les élèves évaluer eux-mêmes leurs progrès ou de commenter les notes qu'ils donnent à leurs élèves afin de leur faire comprendre ce qui ne va pas.

La figure suivante montre la faible proportion d'enseignants du secondaire qui déclarent en 2018 utiliser « souvent » ou « toujours » des méthodes nouvelles pour évaluer ce qu'ont réellement appris leurs élèves.

Côté enseignants et directeurs : un malaise certain, peu de travail d'équipe et un sentiment de manque de considération sociale

Le système scolaire français est aussi celui où les enseignants bénéficient le moins de ce qui est considéré dans les autres pays comme les conditions optimales d'une carrière gratifiante, à savoir une bonne formation de départ, des conditions de travail adaptées, la possibilité de suivre des formations continues, de mener un travail d'équipe avec leurs collègues, de construire un projet éducatif ambitieux et surtout de disposer de larges marges d'initiative

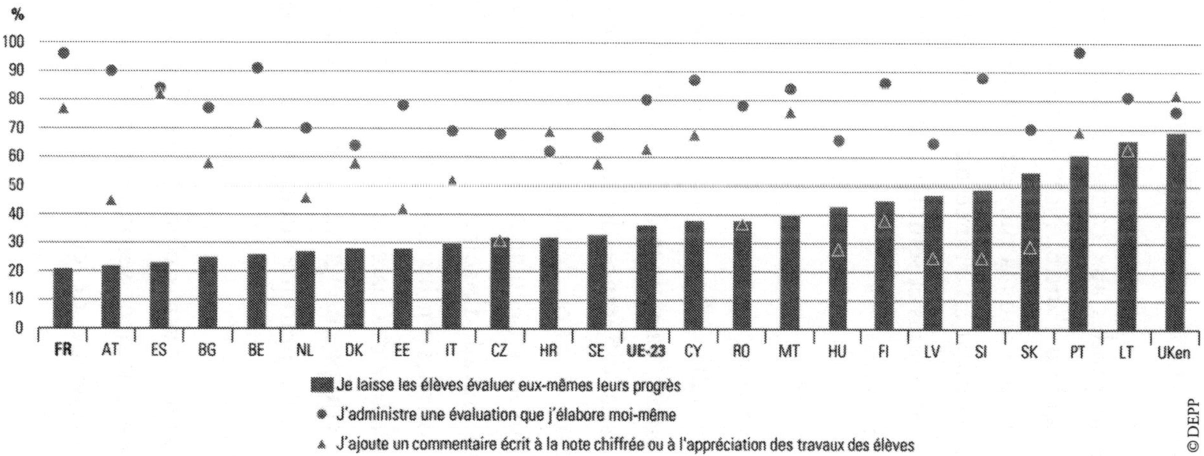

Source : Direction de l'évaluation de la prospective et de la performance, *L'Europe de l'éducation en chiffres*, 2020, 3e édition, p. 49. (https://archives-statistiques-depp.education.gouv.fr/Default/doc/SYRACUSE/46287/l-europe-de-l-education-en-chiffres-2020-3em-edition-robert-rakocevic-yann-fournier?_lg=fr-FR)

pour adapter les méthodes aux contextes d'enseignement, différents d'une école à l'autre. Non seulement le salaire des enseignants se situe dans la moyenne basse des pays de l'OCDE, mais c'est aussi en France que les enseignants se sentent le moins considérés et semblent souffrir d'un déficit de reconnaissance sociale.

Peu de travail d'équipe

Les enseignants français sont moins enclins à travailler en équipe que leurs collègues européens. Seul un tiers d'entre eux déclarent participer à des réunions de collègues régulières, à la différence des autres enseignants de l'Union européenne (UE) ou de pays comme la Suède, dans lequel presque tous les enseignants interrogés affirment être engagés dans un travail d'équipe. Par ailleurs, les enseignants français sont les moins nombreux d'Europe (après les Hongrois) à établir des barèmes d'évaluation communs à l'ensemble de l'équipe enseignante : seul un quart d'entre eux développent cette pratique (deux fois moins que leurs collègues suédois).

La figure suivante montre qu'une faible proportion d'enseignants de l'enseignement secondaire déclarent en 2018 travailler avec les collègues de leur établissement.

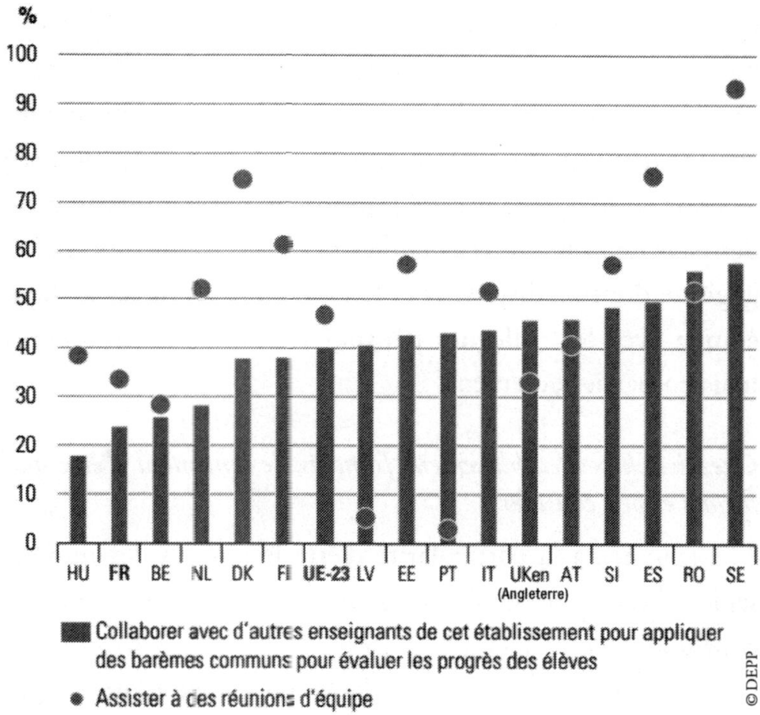

Source : Direction de l'évaluation de la prospective et de la performance, *L'Europe de l'éducation en chiffres*, 2020, 3e édition, p. 49. (https://archives-statistiques-depp.education.gouv.fr/Default/doc/SYRACUSE/46287/l-europe-de-l-education-en-chiffres-2020-3em-edition-robert-rakocevic-yann-fournier?_lg=fr-FR)

Des salaires plutôt bas et un fort sentiment de déclassement social

Les enseignants français s'estiment peu payés et sont convaincus de ne jouir que d'une faible considération sociale. De fait, le salaire des enseignants est inférieur de 12 % à celui des autres salariés ayant eu une formation similaire, ce qui est le cas aussi dans la plupart des pays européens. Toutefois, un élément fort du malaise enseignant tient au fait que les enseignants français sentent leur profession moins valorisée à la fois au sein de la société française et par rapport au reste des pays de l'OCDE. Les faibles marges d'innovation pédagogique dont ils disposent et le peu d'opportunités de faire équipe avec les collègues peuvent expliquer ce sentiment, mais en partie seulement.

Chez les chefs d'établissement français, le sentiment d'être mal formés et peu considérés

La France a la particularité d'être le pays où les responsables d'école ne semblent bénéficier d'aucune formation continue.

Contrairement au salaire des enseignants français qui, quoique bas par rapport à ceux des salariés ayant le même type de formation, reste dans la moyenne basse des pays de l'UE, les salaires des chefs d'établissement sont clairement inférieurs à ceux de leurs collègues du reste de l'Europe (surtout par rapport aux Pays-Bas ou au Royaume-Uni, et dans la moyenne basse des pays de l'UE).

La figure suivante montre les faibles possibilités de formation et de développement professionnel offertes aux chefs d'établissement et directeurs d'école dans l'enseignement primaire (CITE 1) et secondaire (CITE 2) au cours des douze mois précédant l'enquête en 2018.

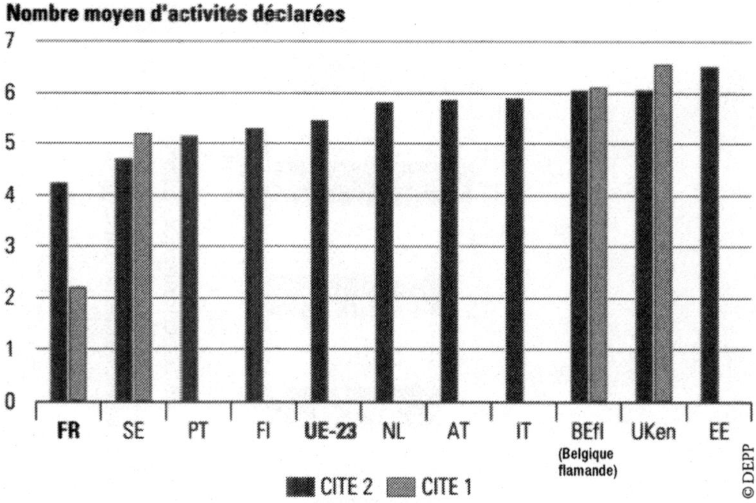

Source : Direction de l'évaluation de la prospective et de la performance, *L'Europe de l'éducation en chiffres*, 2020, 3e édition, p. 51. (https://archives-statistiques-depp.education.gouv.fr/Default/doc/SYRACUSE/46287/l-europe-de-l-education-en-chiffres-2020-3em-edition-robert-rakocevic-yann-fournier?_lg=fr-FR)

La figure suivante présente des éléments de comparaison pour apprécier le niveau des salaires effectifs des chefs d'établissement et directeurs d'école (25-64 ans) du secteur public, en 2017.

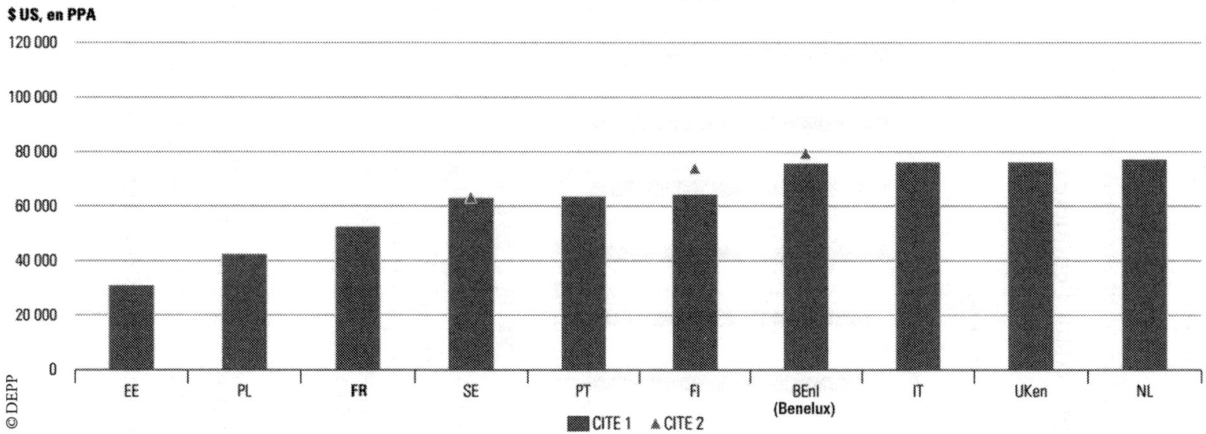

Source : Direction de l'évaluation de la prospective et de la performance, *L'Europe de l'éducation en chiffres*, 2020, 3e édition, p. 51. (https://archives-statistiques-depp.education.gouv.fr/Default/doc/SYRACUSE/46287/l-europe-de-l-education-en-chiffres-2020-3em-edition-robert-rakocevic-yann-fournier?_lg=fr-FR)

Et pourtant… les financements n'ont pas baissé et les élèves sont moins nombreux

Pareil état des lieux indique des résultats médiocres en matière de réussite des élèves, de conditions d'enseignement, de recours aux innovations, et met en relief le malaise des enseignants et directeurs d'école, ainsi que le caractère insatisfaisant de leurs conditions de travail. Cela peut surprendre. En effet, l'un des paradoxes de la situation actuelle est que cette détérioration d'ensemble s'est produite alors que le budget de l'éducation était plutôt en hausse (depuis 1980), même si la part du financement de l'éducation dans le PIB restait stable (à l'exception de la décennie 1990-2000 et des années 2010, en raison d'un investissement massif dans le supérieur). Dans le primaire, les dépenses d'éducation ont dans l'ensemble doublé sur cette même période.

De plus, l'État reste de loin le premier financeur de l'éducation publique, avec une faible montée en puissance des collectivités territoriales, en dépit des nouvelles responsabilités qui leur incombent en matière éducative.

Il faut aussi souligner que, dans les dernières décennies, le nombre global d'élèves tend plutôt à baisser. En soixante ans, l'école élémentaire a perdu près de 15 % de ses effectifs: passant d'environ 5 millions d'élèves en 1960 à environ 4,2 millions aujourd'hui. En revanche, la dépense par élève a doublé depuis 1980.

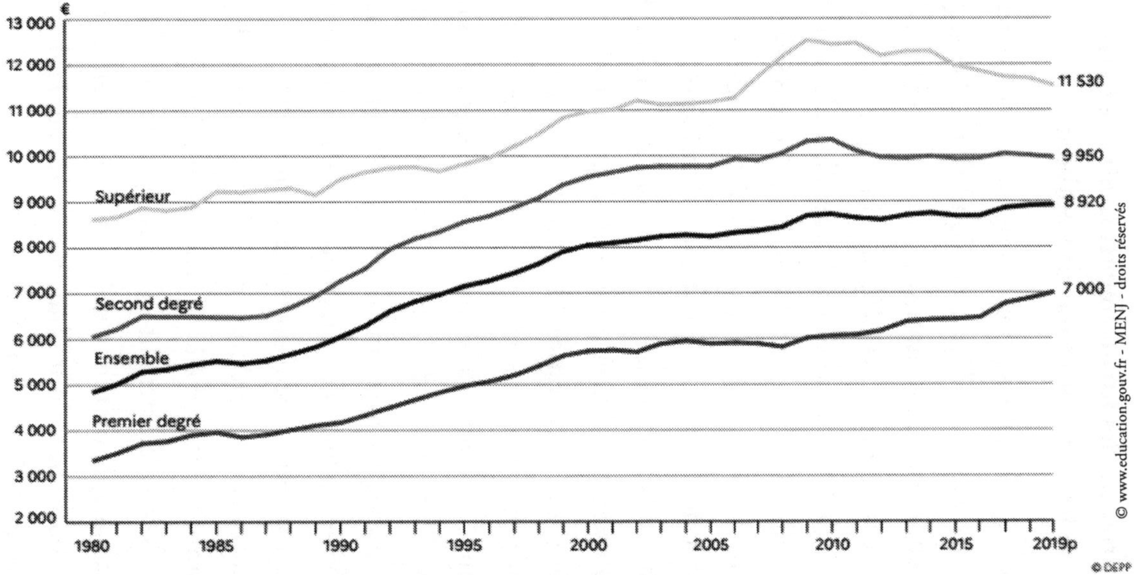

▸ Champ : France métropolitaine + DROM (Mayotte sur toute la série), Public + Privé.

Source : Direction de l'évaluation, de la prospective et de la performance, *Repères et références statistiques*, édition 2021, juillet 2021, p. 340. (https://www.education.gouv.fr/reperes-et-references-statistiques-2021-308228)

La figure (page ci-contre) montre l'évolution des coûts par élève et par étudiant, en euros (référence 2019).

Comment expliquer les insuffisances de l'école française ?

Ce tableau d'ensemble de l'école française est un sujet d'affliction, d'autant plus que la baisse des performances scolaires affecte surtout les élèves issus des milieux les plus modestes – constat insupportable pour un pays de tradition républicaine qui fait de l'école la condition permettant à chaque enfant de ne pas être rivé à ses origines. De plus, les conditions d'enseignement restent dans l'ensemble moins bonnes que ce qu'on observe ailleurs en Europe. Du côté des enseignants, les salaires sont relativement faibles par rapport aux diplômes et le sentiment de disposer de peu de considération sociale largement répandu. Ce sont autant d'éléments qui doivent être pris en compte dans ce qui peut être décrit comme un malaise global de l'école[10].

La détérioration du système scolaire est l'objet en France de débats passionnés. Des spécialistes aux simples citoyens, chacun y va de son explication, les uns l'attribuant au manque de moyens (et demandant en conséquence plus d'enseignants, mieux payés, mieux formés, et de meilleures conditions de travail), d'autres au caractère inadapté des programmes, d'autres enfin aux méthodes pédagogiques utilisées, ou bien au nombre d'élèves par classe, ainsi qu'aux multiples distractions (surtout jeux électroniques et réseaux sociaux) auxquelles les écoliers sont désormais conviés.

Chacune de ces explications est plausible et bien des mesures prises au cours des dix dernières années ont cherché à remédier aux défaillances de l'école publique. Elles ont consisté surtout à requalifier les anciennes zones d'éducation prioritaire (les ZEP) – aujourd'hui dénommées réseaux d'éducation prioritaire (REP)[11] ; à y dédoubler les classes de CP et de CE1, et aussi à multiplier les prescriptions ayant trait aux conditions d'étude, aux programmes, voire aux tâches quotidiennes que les élèves doivent accomplir (tel type d'exercices, tel type de méthode). L'actuel gouvernement, comme d'autres avant lui, s'est aussi préoccupé des conditions d'enseignement, prônant un retour aux méthodes plus traditionnelles, option nettement moins coûteuse que la revalorisation salariale des enseignants.

Beaucoup de ces mesures peuvent avoir une efficacité, mais celle-ci reste limitée et sans véritable impact, puisqu'on ne constate pas d'amélioration globale. Cet échec contribue à entretenir un certain fatalisme éducatif, qui considère que, étant donné le contexte culturel et social le plus souvent défavorisé dans lesquels vivent la plupart des élèves en échec, les perspectives d'amélioration sont utopiques.

Changer de perspective : l'autonomie, une solution possible

La possibilité de réformer le système scolaire ne tient pas tant au bien-fondé ou à la pertinence de telle ou telle proposition de réforme qu'à la remise en cause de la perspective intellectuelle très généralement adoptée aujourd'hui pour parer à ses défaillances, perspective dans laquelle s'inscrit l'application des réformes conduites jusqu'ici. Celle-ci amène en effet à considérer que les raisons de l'inefficacité partielle des politiques scolaires et, par voie de conséquence, les solutions à y apporter, sont les mêmes pour toutes les écoles et pour tous les élèves. Or, parmi les raisons qui expliquent que tel ou tel établissement a de bons résultats, certaines – comme le fait d'avoir peu d'élèves par classe, d'assurer des tutorats ou d'imposer certains types d'exercices – jouent un rôle plus ou moins grand selon les caractéristiques de l'environnement social et culturel de l'établissement en question.

C'est pourquoi des mesures spécifiques, conçues pour remédier aux difficultés – souvent différentes en nature – rencontrées par chaque établissement scolaire, seraient plus efficaces que des solutions censées valoir dans tous les cas. Autrement dit : le fait que l'éducation primaire soit organisée de façon assez uniforme ne crée pas un terreau favorable pour répondre de manière adaptée aux difficultés auxquelles elle est confrontée. Des acteurs engagés, enseignants et responsables d'établissement, auxquels on confierait la tâche de concevoir ces mesures, seraient, en raison de leur expertise, de leur proximité avec le terrain et de la connaissance qu'ils en ont, les mieux placés pour les imaginer. La décision de leur laisser une réelle capacité d'initiative, autrement dit de reconnaître dans les faits leur autonomie, serait une véritable rupture par rapport à ce qui a été tenté jusque-là en matière de réformes.

En conclusion, la volonté de remédier aux défaillances du système scolaire est bien présente en France, comme elle l'était dans les pays développés qui ont réformé leurs écoles en les rendant plus autonomes. Mais pour savoir si davantage de marges d'initiative en matière de moyens d'enseignement et de projet d'établissement permettrait de redonner une réalité à l'ambition d'égalité propre au programme républicain, encore faudrait-il pouvoir expérimenter l'autonomie scolaire à une échelle importante et dans une diversité de contextes : on verrait alors si des établissements autonomes permettent aux enfants d'obtenir de meilleurs résultats scolaires.

Raison n° 2
Garantir la pluralité de l'offre éducative

Dans les pays ayant mis en œuvre l'autonomie scolaire, les pouvoirs publics ont voulu donner aux familles la possibilité de choisir entre différents types d'établissements, chacun avec une stratégie éducative spécifique, au sein même de l'offre publique. Comme leur choix ne devait en aucun cas être influencé par des considérations financières, le postulat d'une telle réforme était qu'il incombait à l'État de proposer aux familles un éventail d'options en matière d'éducation. On espérait ainsi que l'effet de l'émulation entre différents types d'établissements scolaires serait positif et conduirait à l'amélioration des performances d'ensemble. Déjà en 1792, Condorcet déclarait : « Les écoles privées sont le moyen de corriger les vices de l'instruction publique, de suppléer à son imperfection, de soutenir le zèle des maîtres par la concurrence, de soumettre la puissance publique à la censure de la raison des hommes éclairés[12]. »

La Suède est allée très loin dans cette direction, puisqu'elle a attribué virtuellement aux familles une somme d'argent correspondant au coût par enfant d'une éducation à l'école primaire ou au collège, en les laissant libres d'affecter cette somme à l'établissement public où elles voudraient le scolariser. Elle a également permis que ces écoles publiques puissent être gérées par des acteurs privés (groupe de parents, ONG, groupe religieux, groupement économique)[13].

Introduire plus d'autonomie scolaire au sein du système public de l'Éducation nationale française aurait pour première conséquence que certains établissements seraient directement pilotés par leur équipe pédagogique, dans le cadre d'un projet propre, tandis que d'autres resteraient semblables à ce qu'ils sont aujourd'hui, ces derniers ne représentant plus, au sein de l'offre publique de l'Éducation nationale, qu'un type d'établissement parmi d'autres. Le pari serait que l'ensemble des établissements publics (plus autonomes et moins autonomes) seraient incités à améliorer leurs performances pour pouvoir être avantageusement comparés les uns aux autres. Cela ne veut pas dire que les écoles publiques autonomes auraient toujours de meilleurs résultats : le but n'est pas de montrer que des méthodes pédagogiques non conventionnelles sont en elles-mêmes meilleures que ce qu'offrent les écoles publiques classiques, mais surtout d'inciter ces dernières à s'améliorer pour présenter une offre attrayante et devenir ainsi le premier choix des parents. C'est en ce sens que la création d'écoles publiques libres est souvent présentée comme étant une condition favorable à l'amélioration de l'ensemble du système scolaire[14].

Le désir des familles de choisir le type d'éducation qui pourrait convenir à leur enfant existe manifestement en France. En témoigne la mobilisation massive des parents d'élèves au cours du printemps 1984 en faveur du maintien de l'enseignement libre[15], ainsi que le fait que 13,26 % des enfants français sont scolarisés dans des établissements privés[16], dont le nombre, surtout pour l'école primaire, ne cesse de croître, du fait surtout des écoles privées hors contrat[17]. Cette volonté ne s'explique pas seulement par des raisons religieuses (parmi les écoles privées, on compte 30 % seulement d'écoles à caractère confessionnel[18]). Et elle n'a rien de répréhensible : le droit de choisir son éducation a été reconnu par l'UNESCO en 2010. Pour autant, les souhaits éducatifs des familles semblent largement ignorés en France. Certes celles-ci peuvent choisir entre éducation privée et éducation publique, mais le choix pour le privé n'est pas sans conséquences pour elles dans la mesure où les écoles privées, même sous contrat, sont payantes et choisissent leurs élèves.

Surtout, les choix éducatifs des parents tendent à être considérés comme l'expression d'une forme de favoritisme peu propice à l'égalité. On l'a constaté en 2011 à propos des classes bi-langues, lorsque fut supprimée la possibilité laissée aux parents de choisir pour leur enfant une éducation bilingue français-allemand, au sein de certains lycées publics[19]. Les détracteurs de cette mesure y ont vu la volonté d'empêcher les parents concernés de choisir les conditions d'enseignement les plus favorables pour leurs enfants, comme si ce souhait avait quelque chose de délictueux ou était la manifestation coupable d'un intérêt particulier.

Telle n'était pas l'intention des promoteurs de cette réforme, mais la présomption est largement partagée en France qu'une éducation publique doit faire abstraction des préférences et valeurs familiales. Les parents sont parfois vus comme les auteurs possibles de choix erratiques qu'il est préférable de contraindre dans la mesure du possible, et non comme des acteurs dont on présume que, bien informés, ils feraient de façon éclairée le meilleur choix éducatif pour leur enfant, sans que cela porte préjudice aux autres. En conséquence, l'idée que la puissance publique aurait l'obligation de donner aux parents la possibilité de choisir, au sein même de l'offre publique, entre plusieurs types d'écoles – celles qu'elle pilote directement et celles gérées de manière autonome – ne serait à l'heure actuelle ni acceptable ni même audible dans notre pays. Elle a joué un rôle important dans les pays qui ont adopté une réforme d'autonomie, mais elle n'est pas de mise chez nous.

RAISON N° 3
FAVORISER L'ENGAGEMENT DES FAMILLES ET DE LA SOCIÉTÉ

Le souhait d'engager la société dans l'éducation fut la troisième raison avancée en faveur de l'autonomie scolaire. En Suède, la décision de créer des écoles publiques autonomes fut prise pour répondre à la demande des familles d'avoir plus d'initiatives en matière éducative au nom des principes d'une citoyenneté active. Vingt ans plus tard, en

2010, le même souhait a inspiré en Angleterre la création des *free schools*, des écoles dotées d'emblée d'un degré élevé d'autonomie, la pièce maîtresse du projet gouvernemental visant à mettre en mouvement la société avec ses associations, ses ONG, ses entités philanthropiques et ses entreprises, et à l'impliquer dans le système éducatif.

Par contraste, en France, le souhait d'engager les familles et l'ensemble de la société dans le système public de l'éducation est peu présent dans le discours public. Certes un grand nombre d'associations de parents d'élèves et de fondations contribuent de manière efficace à la réflexion sur l'éducation et la conduite de nombreux projets éducatifs, mais elles sont plutôt actives au sein de l'éducation privée. Pour ce qui a trait à l'éducation publique, l'attitude la plus répandue à l'égard des initiatives des familles et de la société semble être le manque d'intérêt voire la défiance. Il est donc probable que justifier le besoin d'une plus grande autonomie, en mettant en avant le fait que les parents et la société pourraient jouer de ce fait un rôle plus important dans l'éducation publique, risque bien de paraître non pertinent, sinon absurde.

On doit conclure de cette série de remarques que la seule raison qui puisse aujourd'hui convaincre les pouvoirs publics de mettre en œuvre l'autonomie scolaire dans notre pays est de la présenter comme un levier pour l'amélioration de l'ensemble du système éducatif. C'est une raison dominante à opposer aux nombreuses réticences qui se font entendre au sujet de l'autonomie.

Les réticences françaises à l'égard de l'autonomie scolaire

Ce qui fâche, ce n'est pas le principe de l'autonomie des entités publiques en tant que tel – il a été accepté et mis en œuvre à grande échelle pour les universités par la loi LRU de 2007[20] –, c'est surtout la perspective de l'appliquer à l'éducation primaire et secondaire qui paraît inacceptable, voire inadmissible.

Différenciation vs *Privilèges, ou la croyance que l'uniformité est une garantie d'égalité*

La raison de la réticence à l'égard de l'autonomie scolaire dans notre pays tient principalement à la compréhension que nous avons de l'égalité en matière éducative et du rôle que l'État est appelé à jouer pour la garantir. Dans la formation dispensée à l'école primaire, les élèves, à partir de l'âge de trois ans, doivent tous avoir accès à une formation fondamentale et posséder, à la fin du collège, un « socle commun » de compétences et connaissances[21]. L'enjeu d'égalité est ici si considérable qu'il paraît légitime que l'État garantisse l'égalité de traitement en imposant que les mêmes méthodes soient pratiquées partout. Par contraste, la différenciation dans les styles et les méthodes pédagogiques qu'entraînerait l'autonomie serait une rupture d'uniformité, porteuse d'un risque d'inégalité.

On associe volontiers en France le refus des différenciations au refus des privilèges, socle de la culture républicaine. Mais ne faut-il pas rappeler ici que l'atteinte majeure à l'idéal républicain d'égalité des chances est plutôt la situation actuelle : le fait que certaines écoles, qui sont le plus souvent situées dans des quartiers privilégiés, obtiennent de bons résultats tandis que d'autres, moins favorisées, n'y parviennent pas ? Notre société, nos gouvernements ne peuvent s'être résignés à accepter de ne pas donner à la totalité des élèves une solide éducation de base, les enfants issus de milieux modestes étant les premiers concernés par les difficultés actuelles de l'Éducation nationale. Ce constat inquiétant ne justifie-t-il pas de se demander si pareil manquement à l'égalité n'est pas parfois la conséquence de l'association délétère qu'on observe depuis des décennies entre le dirigisme et l'uniformité dans les moyens, d'une part, et le laxisme dans la capacité d'atteindre les buts, d'autre part ?

La réticence de l'État à faire confiance aux responsables d'institutions publiques

Le peu d'intérêt, voire la défiance, que suscite la revendication de l'autonomie scolaire s'explique aussi par plusieurs convictions, d'ordre politique et culturel, qu'on pourrait qualifier de « nationales » tant elles sont répandues.

Le gouvernement par la confiance et la mise en responsabilité des acteurs placés à la tête d'institutions publiques ne sont ni prisés ni pratiqués dans notre pays où l'on préfère le régime des règlements préalables et des contrôles tatillons à celui de la responsabilisation et des sanctions.

Depuis quelques années, il est vrai, une évolution est amorcée : plusieurs institutions publiques ont bénéficié de plus d'autonomie avec des résultats reconnus comme positifs. À titre d'exemple, pendant les quelques années qui suivirent la loi d'autonomie universitaire de 2007, des présidents d'université et des responsables de grandes écoles liées à l'État purent, à la faveur des marges de manœuvre accrues qui leur étaient offertes, défendre pour leur institution des stratégies ambitieuses de transformation, exploitant ainsi les possibilités que les nouvelles dispositions législatives leur laissaient.

Le discours public tend aussi à vanter, pour l'instant surtout verbalement, les diverses formes de la responsabilité sociale. La confiance dans les responsables des institutions publiques que sont les directeurs d'établissements scolaires, et avec eux les équipes enseignantes, devrait également être de mise dans l'éducation primaire et secondaire. Il n'y a pas de mise en œuvre de l'autonomie en matière d'action publique sans confiance à l'égard des acteurs sociaux responsables de la diversité des établissements publics.

La difficulté de réviser la définition du rôle de l'État

Dans tous les pays développés, l'éducation, surtout l'éducation primaire, est du ressort de la puissance publique. La tradition nationale française donne un relief particulier à cet engagement commun. En effet, l'idée d'une éducation nationale, apparue avec la Révolution puis devenue la valeur fondatrice du républicanisme politique et moral, a fait de l'éducation obligatoire, laïque et gratuite le socle du pacte civil, la condition de l'émancipation des citoyens.

Toutefois, l'accord général sur la responsabilité de l'État dans l'éducation ne dispense pas de préciser en quoi cette responsabilité devrait consister. L'acquisition des savoirs fondamentaux, d'une formation intellectuelle solide et d'un esprit critique, conditions qui rendent possibles poursuite d'études, vie professionnelle et développement personnel, constitue bien l'objectif de l'Éducation nationale. De plus, assurer l'éducation de l'ensemble de la population suppose que l'État soit garant du bon niveau de formation des enseignants dans les établissements primaires et secondaires, ce qui exige la mise en place d'une certification nationale. Il lui incombe enfin de prendre en charge les infrastructures matérielles – construction et entretien des bâtiments – et administratives, ainsi que la rémunération des personnels (enseignants, administrateurs et employés jusqu'aux infirmières scolaires).

En revanche, pour ce qui a trait aux méthodes pédagogiques, à l'organisation de la classe et à celle du temps scolaire, à la définition du rythme auquel les différentes parties du programme seront abordées et dans quel ordre, ainsi qu'aux modes de validation de l'acquisition des connaissances, il n'y a rien d'évident dans le fait que la puissance publique en décide. À titre d'exemple : que les classes comptent une douzaine d'élèves pour tous les apprentissages ou bien que certaines matières soient enseignées à des groupes de vingt-quatre élèves par classe tandis que d'autres le seraient à des petits groupes de six, qu'un seul professeur s'occupe d'une classe de douze élèves ou deux professeurs d'une classe de vingt-quatre, ou encore que ces groupes d'élèves soient de niveau hétérogène ou homogène, ce sont là des décisions qui devraient revenir à ceux, enseignants et responsables, qui connaissent bien les élèves et l'environnement dans lequel ils évoluent, plutôt qu'à une instance nationale.

De la même façon, la répartition entre enseignements fondamentaux et enseignements d'approfondissement, la progression par cycles ou niveaux, ou encore la possibilité de faire faire aux élèves leurs devoirs à l'école, après la classe, ou de donner des travaux à faire à la maison, tout comme le suivi personnel, l'organisation ou non de tutorat, de séances de consolidation des connaissances, de travaux dirigés à l'école, et enfin le mode d'intervention des parents dans les activités périscolaires, est-ce à la puissance publique d'en décider ? et d'en décider de la même façon pour tous ?

Le rôle de l'État est bien de définir les buts de formation pour tous les élèves et de vérifier, selon des critères partagés, qu'ils sont atteints. Par contraste, le rôle des établissements est de faire en sorte que chacun de leurs élèves parvienne à atteindre de tels objectifs de formation, à charge pour les responsables et les enseignants concernés de proposer une stratégie et des moyens pour le faire – ce qui n'est possible que si ces établissements disposent d'une large autonomie de gestion et de pédagogie[22].

L'autonomie scolaire amène ainsi à s'interroger sur ce que signifie l'exécution des services publics par l'État, l'éducation étant le plus symbolique d'entre eux. Quel degré d'autonomie doit être laissé aux acteurs publics ou privés dans le cadre d'une délégation de missions publiques ? Quel type d'autonomie est la plus décisive ? Quels types de contrôle et de garde-fous sont pertinents ? De quelle façon l'État doit-il maintenir sa supervision et son contrôle ? Et plus généralement : quelles missions incombent à l'État, quelles autres aux acteurs autonomes ? Rapportée aux enjeux que ces questions recouvrent, l'autonomie de établissements scolaires semble bien constituer un dispositif révélateur pour apprécier de quelle façon l'État, les autorités locales et éventuellement les acteurs privés ont fait évoluer à partir des années 1990 l'exécution de l'action publique.

Les différents sens de l'autonomie scolaire ainsi que les arguments en sa faveur, que je viens d'évoquer, permettent de mieux comprendre pourquoi les détracteurs de l'autonomie pour les établissements publics d'enseignement peuvent si aisément la caricaturer en en faisant l'équivalent de l'abandon des responsabilités de l'État à l'initiative privée. Dans un tel contexte, il arrive souvent, de façon délibérée ou non, que l'autonomie pédagogique soit confondue avec l'autonomie financière et alors accusée de conduire tout droit à un rachat des actifs de l'État, autrement dit à une privatisation seulement soucieuse d'économies d'échelle et de profits financiers au détriment des exigences scolaires et du souci d'égalité.

À l'inverse, les partisans de l'autonomie scolaire ont souvent tendance à en brosser un portrait idéal en pratiquant le même type d'amalgames : ils vantent l'autonomie pédagogique, dont le principe est assez largement accepté, pour la présenter comme supposant l'autonomie de gestion, l'autonomie financière et même l'autonomie de statut, en faisant ainsi l'impasse sur les difficultés qu'il y a à gérer de manière autonome un établissement scolaire. Les risques que porte la création d'écoles publiques autonomes sont bien réels. Mais ces amalgames et caricatures ne doivent pas éclipser la véritable question : comment faire en sorte que les élèves disposent de la meilleure éducation ? Seules l'expérimentation et l'analyse des données permettront d'y répondre. L'autonomie exige une grande vigilance sur plusieurs points, ils seront illustrés dans les pages qui suivent par l'analyse détaillée des exemples suédois, américain et anglais.

4.

L'autonomie des établissements scolaires en Europe : retours d'expérience et enseignements

La revendication d'autonomie a toujours été liée à la volonté de créer un meilleur système éducatif, comme en témoignent, parmi de nombreux autres signes, les considérables investissements du gouvernement britannique qui, dans les deux années où furent établies les premières *free schools*, dépensa plusieurs milliards de livres au bénéfice de l'enseignement public.

En Suède, au-delà de l'amélioration du système scolaire, l'espoir était de créer dans une perspective de long terme un système éducatif qui favoriserait la croissance et le dynamisme social, de nombreuses études attestant une nette corrélation entre la qualité du système éducatif, d'une part, et les performances économiques, d'autre part[1]. C'est ainsi que le gouvernement suédois s'est engagé, dès les années 1990, dans une politique éducative, dont les écoles libres étaient l'élément clé, pour faire du système suédois le meilleur système public d'éducation en Europe par ses résultats et sa portée. Cette politique englobait la formation tout au long de la vie ainsi que le domaine du périscolaire et de la petite enfance[2].

Aux États-Unis, des ambitions comparables ont également motivé la création des *charter schools*, avec un accent particulier mis sur le souci de renforcer la mobilité sociale, d'assurer un taux élevé d'employabilité et de mettre fin à une forme de ségrégation sociale, puisque l'école publique américaine des années 1980 semblait incapable de donner une chance de réussite aux enfants issus des quartiers défavorisés comportant d'importantes minorités ethniques. Enfin, la création des écoles libres en Angleterre traduisit la volonté de rendre le système scolaire plus en phase avec le monde d'aujourd'hui, d'ouvrir l'école sur la société.

Les écoles libres suédoises

C'est au sein de l'éducation publique suédoise qu'en 1992 furent pour la première fois établies des « écoles libres », c'est-à-dire des écoles publiques, très autonomes mais financées par l'État, et qui ne choisissaient pas leurs élèves. La manière dont cette réforme fut conduite montre qu'une transformation rapide et radicale de l'enseignement public est possible : en moins d'une dizaine d'années à peine, le système scolaire suédois, centralisé et très homogène (à la fin des années 1980, seulement 1 % des écoles était des écoles privées, le plus souvent d'affiliation religieuse), est devenu un système mixte où des écoles classiques coexistent avec des écoles libres pilotées et gérées de façon autonome par des enseignants ou bien par des groupes de parents, des ONG, des associations, des structures philanthropiques et même des entreprises[3]. Selon ses détracteurs, cette réforme a transformé la Suède en l'un des pays ayant le système éducatif le plus dérégulé de l'OCDE, et elle aurait entraîné la détérioration de l'ensemble du système scolaire[4]. Toutefois, si cette réforme peut être vue comme un échec, elle est aussi instructive en ce qu'elle permet d'identifier les risques qui y sont attachés. Le gouvernement suédois a lui-même pris des mesures pour y remédier et empêcher en particulier le détournement des ressources publiques au profit des entreprises nationales et internationales[5].

Vingt ans après le lancement de cette réforme, dans les années 2010, en Suède, la puissance publique (État et communes) jouait encore un rôle majeur de supervision et de garante de l'éducation publique, mais elle avait renoncé à en être gestionnaire, rôle qu'elle avait assumé jusqu'en 1989, avant de le confier aux municipalités de 1989 à 1992.

Le cas suédois est donc exemplaire non seulement pour comprendre ce que signifie l'autonomie des établissements scolaires dans le système public, mais aussi pour mettre en évidence les conditions clés qui garantissent le succès de ce genre de réforme, les dérives auxquelles elle peut donner lieu et les marges de manœuvre laissées à la rectification et à l'adaptation.

La création d'écoles publiques autonomes en Suède, ce qu'étaient les *free schools*, a d'abord été, semble-t-il, un succès, avec des évaluations PISA plutôt positives en 2000 et 2003 (dix ans après leur création). En revanche, à partir de 2006, les conclusions des enquêtes furent plus nuancées : certaines *free schools* réussissaient de manière spectaculaire, tandis que d'autres se révélaient être des échecs, sinon des catastrophes, en particulier celles gérées par des structures privées *for profit*. D'après les évaluations les plus récentes publiées en 2018, la situation s'était nettement améliorée depuis 2015. Les notes obtenues par les collégiens de quinze ans environ montraient qu'en lecture et en écriture le score moyen des élèves suédois était de 506 points (comparé à une moyenne de 487 pour les pays de l'OCDE), les filles réussissant nettement mieux que les garçons ; qu'il était en mathématiques de 502 points (comparé à une moyenne de 489) ; et en sciences de 499 points (par rapport là aussi à une moyenne de 489 points). Par ailleurs, la différence de performances en lecture entre les étudiants issus de milieux favorisés et ceux issus de milieux défavorisés stagnait à 89 points, ce qui était la moyenne de l'OCDE. Ces résultats semblaient d'autant plus notables que la population des élèves issus de l'immigration avait nettement augmenté entre 2012 et 2018, surtout en raison de l'arrivée de nombreux réfugiés en 2015 (environ 20 % des élèves enrôlés dans l'enquête PISA étaient issus de l'immigration en 2018, contre 12 % en 2012)[6]. Le dernier rapport PISA paru en 2018 pouvait ainsi vanter l'amélioration du système public suédois ; la réactivité et la capacité d'adaptation dont ce résultat témoigne laissent penser que l'autonomie des écoles libres suédoises a, non sans paradoxe, permis de remédier à une baisse avérée des performances des élèves, baisse elle-même due à une mise en œuvre inappropriée de l'autonomie scolaire[7].

Le tableau suivant indique une relative stabilité des performances des élèves suédois en matière de lecture, mathématiques et sciences, avec une baisse assez prononcée à partir de 2000 (si on se concentre exclusivement sur les plus mauvais élèves), ainsi qu'un redressement à partir de 2015.

Évolution des performances PISA des écoles suédoises, en lecture, mathématiques et en sciences, de 2000 à 2018 (extrait).

Les performances en tendances en Suède

Evolution des performances	Lecture	Mathematiques	Sciences
PISA 2000	516		
PISA 2003	514	509	
PISA 2006	507	502	503
PISA 2009	497	494	495
PISA 2012	483*	478*	485*
PISA 2015	500	494	493
PISA 2018	506	502	499

Source : OCDE, *PISA 2018 Results, What students know and can do*, vol. 1, 2019, p. 336. (https://www.oecd.org/education/pisa-2018-results-volume-i-5f07c754-en.htm)

Le système scolaire suédois avant la création des écoles libres

La Suède est l'un des pays d'Europe qui a mis en place le plus tôt, dès 1842, un système d'éducation scolaire obligatoire et accessible à tous, chaque paroisse ayant l'obligation d'établir une école[8]. Le financement des établissements scolaires dépendait alors pour l'essentiel de l'État, mais leur gestion revenait aux autorités locales et aux églises, au moins jusqu'aux années 1940. À ce moment-là, en effet, tous les établissements scolaires furent inclus dans un système public unique, en dépit de la diversité de modes de gestion et de pratiques pédagogiques qu'ils continuaient de présenter du fait de leur histoire. Ce n'est qu'en 1962 qu'une loi imposa à l'ensemble du pays le principe d'une même éducation pour tous pendant les neuf ans de la scolarité obligatoire[9] (de sept à seize ans). La Suède apparaissait alors comme l'un des systèmes poussant le plus loin l'idéal d'égalité et même d'uniformité en matière éducative ; elle donnait ainsi l'exemple de ce que signifiait un système scolaire capable de dispenser une éducation aussi semblable que possible à tous les élèves.

Dès les années 1980, de vives critiques se firent entendre, qui reprochaient à cette école unique son manque d'efficacité et d'ambition, ses méthodes pédagogiques dépassées et son incapacité de s'adapter aux élèves, qui regrettaient aussi que les familles fussent tenues à l'écart de l'éducation de leurs enfants. Pour répondre à ces critiques, le parti social-démocrate des travailleurs (principal parti de la gauche suédoise, qui était alors au pouvoir depuis près de soixante ans) fut conduit à envisager des réformes d'envergure : d'abord en commençant à appliquer aux administrations et donc aux écoles les principes d'une « nouvelle gestion publique[10] », qui prônait le recours à des outils empruntés au monde des entreprises privées, puis en préconisant une forte décentralisation en faveur des communes.

C'est ainsi qu'à partir de 1989 fut instaurée la municipalisation de l'école suédoise, qui mit fin au monopole de l'État sur l'éducation publique. Les quelque 290 communes du pays devinrent alors responsables de l'allocation des moyens budgétaires aux établissements scolaires installés sur leur territoire[11]. Cette nouvelle organisation signifiait que les écoles passaient sous la tutelle des autorités locales : le chef d'établissement appartenait à la hiérarchie municipale et les enseignants étaient de plus en plus nombreux à avoir le statut d'employés municipaux et non plus de fonctionnaires d'État[12]. Par ailleurs, chaque établissement scolaire disposait d'une large autonomie pour la gestion et la stratégie éducative, y compris pour le recrutement de ses enseignants.

Dans le même temps, de nombreuses régulations nationales furent abolies, par exemple les normes régissant la taille de chaque établissement et les modes de calcul de leur financement. Dans cette organisation municipale de l'éducation, il revenait désormais au chef d'établissement de gérer un budget globalisé, de recruter les enseignants et les employés, et d'établir des priorités en termes d'effectifs, de taux d'encadrement et de répartition des matières à enseigner. Leur rôle n'était plus seulement un rôle d'administrateur communal, mais aussi celui d'un chef de projet, d'un gestionnaire et d'un *leader* pédagogique[13].

Restaient toutefois au titre des prérogatives de l'État la rédaction du programme national d'enseignement *(läroplan)*, la définition des objectifs et buts de formation propres à chaque cycle scolaire, ainsi que les grandes orientations du système éducatif, définies conjointement par le Parlement et le gouvernement. Par ailleurs, les examens de fin de cycle demeuraient nationaux, ainsi que les dispositifs de contrôle et l'ensemble des outils de pilotage, des indicateurs jusqu'aux statistiques[14]. De leur côté, les municipalités étaient tenues d'atteindre les objectifs définis par l'État.

Une nouveauté radicale : les écoles libres. Pourquoi ? Comment sont-elles apparues ?

La création des écoles libres fit l'objet d'une réforme emblématique, saluée dans toute l'Europe pour sa nouveauté, réforme longuement préparée et que proposèrent dès leur arrivée au pouvoir, après la longue domination des partis de gauche, les « partis bourgeois » (expression suédoise désignant les modérés et les libéraux) sous la direction de Carl Bildt. Il serait toutefois hâtif d'associer réforme d'autonomie scolaire et gouvernement de droite car, dans le cas suédois, elle devint très vite une mesure transpartisane. Lorsque deux ans plus tard, en 1994, les démocrates revinrent au gouvernement, ils s'engagèrent à garantir l'existence des écoles libres et leur donnèrent même plus de moyens d'action que ceux que leur avaient octroyés leurs prédécesseurs.

La réforme instituant les écoles libres consistait, d'une part, à accorder aux écoles publiques qui le souhaitaient le statut d'écoles autonomes. Elle dotait, d'autre part, chaque famille d'un financement virtuel par enfant (le même pour tous les enfants d'un même niveau scolaire) que celle-ci était libre d'attribuer à l'établissement public de son choix : public classique ou public libre. Le financement des établissements publics dépendait dès lors des choix d'inscription des familles, le montant financier de la scolarité de chaque élève transitant par la commune qui le reversait à l'établissement qui avait été choisi, à condition qu'il fût situé dans le territoire où elle était compétente. Un tel système, désigné communément par le terme de chèque ou bon scolaire, évoque le type de financement de l'éducation qui avait été proposé dans les cercles libéraux dès les années 1960[15] (dans le cas suédois, il ne s'agissait en fait que du financement affecté à chaque élève au sein d'un système de bons *[voucher system]*). En contrepartie, la loi interdisait aux écoles libres de demander des frais de scolarité à leurs élèves, de les choisir ou de les sélectionner.

La réforme des écoles libres prévoyait de plus que chaque établissement décidant de devenir autonome pourrait être piloté et géré par d'autres responsables que les représentants de la puissance publique : soit par des groupes d'enseignants ou de parents, surtout pour les écoles qui existaient déjà, soit par des associations, des entités philanthropiques ou même des entités *for profit* pour les écoles nouvellement créées (la singularité de la réforme suédoise est d'avoir ouvert la gestion des écoles libres à des entités privées commerciales dont le but est de faire des profits, à la différence de celles issues du secteur philanthropique, *non profit*[16]). À charge pour ceux qui souhaitaient reprendre une école déjà existante afin de la transformer en une école libre, ou qui aspiraient à créer de toutes pièces une école libre, de présenter un projet, d'en détailler les objectifs et les méthodes, et de le soumettre à l'État. Après avoir obtenu son agrément, les nouveaux responsables de l'établissement scolaire avaient alors la possibilité soit de le gérer eux-mêmes, soit de lancer un appel d'offres pour sa gestion et de recruter les personnels (fonctionnaires, employés municipaux ou personnes venues de l'entreprise) qui leur paraîtraient les plus compétents pour le faire. La réforme de 1992 eut donc pour conséquence que les écoles libres (déjà existantes ou nouvellement créées) se trouvèrent gérées par une grande diversité d'acteurs, y compris par des entreprises ou des fonds de pension[17].

Alors que les écoles privées n'existaient quasiment pas en Suède avant 1992[18], puisque ce pays n'avait presque pas d'enseignement privé, et donc très peu d'expérience partagée de la gestion d'établissements autonomes, les écoles libres, ou écoles publiques autonomes, ne tardèrent pas à se multiplier. En quelques années, elles représentèrent 12 % des écoles primaires et 24 % des lycées[19], furent gérées par des entités de nature diverse, à but lucratif ou non lucratif. L'audace réformatrice dont témoignaient les *free schools* suédoises inspirèrent en partie les *charter schools* américaines et les *free schools* anglaises.

Le rôle de la puissance publique

La création des écoles libres suédoises en 1992 se fit en rupture avec la décentralisation radicale de l'éducation publique amorcée trois ans plus tôt, et elle modifia complètement les rôles respectifs de l'État, des communes et des établissements. À la faveur de cette réforme, l'État suédois reprenait l'initiative et assumait pleinement une réorientation profonde de son action. Le fait qu'il finance de la même façon, à partir de 1994, des écoles gérées par le public, par des associations ou par des entreprises indiquait en effet clairement que son rôle se limitait, d'une part, à définir les buts de l'éducation – à savoir fournir à tous les enfants une éducation gratuite pour la durée de la scolarité obligatoire et donner les mêmes chances à tous – et, d'autre part, à garantir que ces buts soient bien atteints. En revanche, il ne lui incombait plus de piloter ou de gérer la totalité des établissements scolaires[20].

De plus, en dotant virtuellement chaque famille d'une enveloppe financière qu'elle utilisait à sa guise en scolarisant son enfant dans l'école de son choix, la puissance publique reconnaissait que l'offre éducative qu'elle-même gérait ne pouvait en aucun cas être la seule offerte aux parents d'élèves et donc, plus généralement, que seule une variété d'offres était à même de répondre à la diversité des préférences des familles et des situations des enfants (surtout dans les villes où la proportion d'élèves immigrés était assez élevée)[21]. C'est ainsi que l'État suédois accepta de placer les écoles qu'il pilotait dans une situation de concurrence avec d'autres établissements qu'il finançait aussi mais qu'il ne pilotait pas.

Le message qui se dégageait de cette réforme était clair : l'éducation ne pouvait plus être conçue comme la mission exclusive de l'État, elle était désormais inscrite dans la vie sociale et devenait l'affaire conjointe de la puissance publique et de la société, en particulier des parents et autres acteurs privés[22]. Une telle revendication allait de pair avec l'évolution des finalités du système éducatif : non seulement éduquer des enfants, mais surtout former des citoyens actifs et engagés dans la vie sociale, ce que l'État ne pouvait évidemment pas faire seul. Les aspirations et besoins de l'ensemble de la société civile devaient dès lors être pris en compte dans la formulation des objectifs du service public. Il incombait donc à l'État de permettre aux parents d'envoyer leur enfant dans le type d'écoles qu'ils souhaitaient, et cela sans biais financier puisque, l'État assumant tous les frais, le choix en faveur de l'école libre n'entraînait pour eux aucun coût supplémentaire. Il faut du reste souligner que ce sont bien les sociaux-démocrates (du parti social-démocrate des travailleurs), revenus au pouvoir en 1994 (et qui le resteront jusqu'en 2006), qui décidèrent que l'État financerait intégralement les écoles libres qui avaient été créées par les libéraux (elles ne l'étaient au début de la réforme qu'à hauteur de 85 %), précisément pour éviter que les moyens financiers des parents ne diminuent leurs opportunités de choix[23]. Enfin, la liberté de choix laissée aux parents devait les inciter à s'engager dans la gestion des écoles libres et à participer à leur gouvernance. Pareil vœu n'a pas toujours été suivi d'effets, les parents suédois s'étant en général peu impliqués dans la vie des écoles libres[24].

La marchandisation de l'éducation ?

En passant du rôle de pourvoyeur d'une proposition éducative entièrement publique et uniforme – centralisée jusqu'à la fin des années 1990, municipalisée ensuite – au rôle d'un État financeur, garant du libre choix des parents et dont la fonction était seulement d'orientation et de contrôle, la Suède a proposé une offre éducative qui illustre de façon radicale ce qu'est l'autonomie scolaire en matière d'éducation publique, puisqu'elle allait jusqu'à laisser aux établissements scolaires le choix de confier leur gestion à des entreprises *for profit*[25].

La figure suivante indique la proportion d'élèves en écoles libres par type de gestion et montre bien l'omniprésence des sociétés par actions dans le secteur de l'éducation secondaire et primaire en Suède. Elles géraient près des deux tiers des écoles libres en 2015.

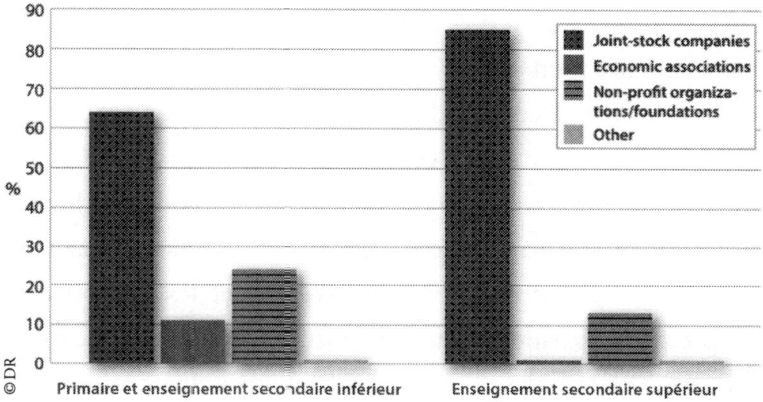

©DR

Source : Gabriel Heller Sahlgren, *Regulation and funding of independent schools, Lessons from Sweden*, Fraser Institute, novembre 2016, p. 12 (les « *Joint-stock companies* » sont l'équivalent des sociétés par actions, et les « *Economic associations* » l'équivalent d'associations économiques, tandis que les « *Non-profit organizations* » désignent les associations philanthropiques). (https://www.fraserinstitute.org/sites/default/files/regulation-and-funding-of-independent-schools-lessons-from-sweden.pdf)

Ce n'est pas pour autant qu'il faudrait voir en la création des écoles libres une « privatisation de l'éducation » où les règles du marché prévaudraient. Car, dans cette réforme, le marché ne jouait aucun rôle dans l'accès à l'offre éducative, les enfants étant admis dans les écoles libres comme dans les autres écoles, sans apport financier ni risque d'être refusés. En revanche, le marché jouait bien un rôle dans la constitution de l'offre globale, puisque les écoles libres recrutaient les gestionnaires qu'elles souhaitaient, y compris des organismes privés, et que les parents avaient la liberté d'opter pour tel ou tel type d'écoles publiques, au sein d'une concurrence scolaire bien établie.

La Suède est à cet égard un cas unique, car la réforme des *free schools* y a été mise en œuvre en donnant une large place au privé lucratif sans strictes régulations ni contrôle financier, alors même que ces écoles étaient entièrement financées par l'État. Par contraste, les Norvégiens et les Danois qui adoptèrent à la suite de la Suède un ensemble de réformes comparables refusèrent de reprendre le principe d'un financement total par l'État des écoles libres « publiques », mais ils permirent en contrepartie à ces dernières d'exiger des frais de scolarité de leurs élèves, ce qui les rendait au fond assez comparables aux écoles privées sous contrat que nous connaissons chez nous. En revanche, ces deux pays interdirent à leurs écoles publiques libres d'être gérées par des groupes *for profit*, agréant seulement des entités *non profit*, et ils exercèrent un contrôle strict sur l'emploi des financements publics pour que ces dernières ne s'en servent qu'à des fins strictement éducatives. Sur ces points, la Norvège et le Danemark ont tiré les leçons des difficultés rencontrées au fil des années par la réforme suédoise, ils surent mettre à profit un temps d'observation pour identifier les risques que portait la création des *free schools* et surent remédier à ses défauts et adapter ou modifier la formule en temps réel. Ce sera un exemple à retenir pour l'application du principe d'autonomie au système français, une autonomie non dogmatique et qui tienne compte des spécificités du terrain et des leçons des expériences menées dans d'autres pays[26].

Les écoles libres suédoises ont-elles atteint leurs objectifs ?

Un premier constat mérite d'être souligné. Après plus de trois décennies, les écoles libres publiques suédoises sont loin d'avoir évincé les écoles publiques classiques, puisqu'elles représentaient en 2020 seulement un cinquième des écoles et moins d'un quart des lycées[27]. En revanche, et c'est l'autre constat, les écoles libres gérées par des entreprises *for profit* ont largement profité de la réforme, elles gèrent en effet près de 65 % des établissements libres (la moitié des écoles et la quasi-totalité des lycées), situation d'autant plus étonnante que, encore une fois, dans les années 1990 les écoles privées étaient quasi inexistantes en Suède.

L'ambition des écoles libres suédoises d'associer performances scolaires, souci d'égalité, libre choix des parents et encouragement à la diversité des modes de gestion et de stratégies pédagogiques était tellement en rupture avec l'organisation scolaire qui avait prévalu jusque-là en Suède que leur fonctionnement et leurs résultats furent d'emblée scrutés par les chercheurs. La conclusion d'ensemble qui se dégage de leurs travaux est mitigée : les évaluations furent assez positives les premières années, puis de plus en plus critiques dès les années 2000, avant un redressement notable à partir de 2015. Selon la plupart des études qui lui ont été consacrées jusqu'au milieu des années 2010, le système scolaire suédois ne serait ni plus performant ni plus égalitaire qu'avant la réforme, même si certaines écoles libres, accueillant certains types d'étudiants, semblent avoir obtenu de remarquables résultats[28]. De plus, les marges de manœuvre laissées aux établissements auraient été dans l'ensemble peu exploitées, en particulier dans le domaine pédagogique. Toutefois, ces conclusions, une fois mises en contexte et interprétées, ne permettent pas de simplement conclure que la création des écoles libres a été un échec complet.

Les écoles libres ont-elles permis d'améliorer les performances scolaires ?

En 2002, moins de dix ans après la création des écoles libres, des chercheurs conduisirent une étude systématique portant sur les résultats obtenus par les élèves des écoles publiques classiques et des écoles publiques libres pour en conclure qu'aucune différence notable n'apparaissait à l'échelle globale en matière de performances scolaires[29]. Deux autres chercheurs, Anders Böhlmark et Mikael Lindahl, publièrent peu après une autre étude qui, quoique que plus positive sur les résultats obtenus par les écoles libres, soulignait l'absence d'impact notable sur le moyen et le long terme, le taux de succès au baccalauréat ou le choix de la profession des élèves ne pouvant être corrélés au fait qu'ils avaient fréquenté une école libre[30].

Le diagnostic le plus sévère sur le nouveau système public de l'éducation en Suède fut porté par le rapport PISA publié en 2012, qui notait à l'échelle nationale une baisse des performances en mathématiques, en lecture – en particulier pour la compréhension de l'écrit –, et surtout en sciences, par rapport aux données disponibles antérieures à 1990, cette baisse de performances affectant surtout les enfants les plus défavorisés[31].

Parallèlement à la baisse globale des résultats, plusieurs rapports dénoncèrent le fait que certaines écoles libres pratiquaient subrepticement une discrimination selon les origines sociales et ethniques des élèves au moment du recrutement, et donc une forme de sélection déguisée. De fait, il a été très tôt de notoriété publique que les élèves fréquentant les écoles libres étaient surtout des enfants de diplômés ou de parents étrangers ayant de fortes ambitions pour les études de leurs enfants, quel que soit le milieu social d'origine. Mais l'allégation selon laquelle certains lycées libres répartissaient leurs élèves dans des classes différentes en fonction de leurs résultats, dans le but de donner des conditions d'études plus stimulantes aux plus talentueux d'entre eux, souvent aussi les plus favorisés socialement[32], a paru en revanche dévoiler une façon de faire très éloignée des ambitions initiales, d'autant plus que la concurrence entre les écoles a encouragé certains établissements à « gonfler » les notes[33].

Les écoles libres ont-elles été les incubateurs de l'innovation pédagogique ? Ont-elles augmenté la liberté de choix ?

La création d'écoles libres était censée inciter chaque établissement du système public à proposer une offre éducative innovante et singulière afin de convaincre les familles d'y inscrire leur enfant. Toutefois, en dépit du haut degré d'autonomie dont disposaient les écoles libres, elles n'ont pas été des lieux d'innovation pédagogique : dans la plupart des cas, leur projet n'engageait pas une vision éducative nouvelle[34]. L'émulation espérée entre les différents types d'écoles publiques qui aurait dû faire de chacune un défi pour toutes les autres ne s'est pas produite. De ce fait, la variété de l'offre est restée assez limitée et la liberté de choisir des parents n'a pas eu vraiment l'occasion de s'exercer. Au vu de ces piètres résultats, le passage à l'autonomie des établissements scolaires publics semble avoir été un échec, au moins entre la dixième et la vingtième année de la réforme. L'alerte ayant été donnée et un ensemble d'ajustements ayant été réalisés, il faut attendre l'année 2015 pour constater une amélioration.

Comment interpréter ces résultats ?

Si les éléments que je viens de rappeler ne permettent pas à eux seuls de condamner sans nuances la réforme de 1992 et encore moins le principe de l'autonomie des établissements publics, ils doivent toutefois inviter à la vigilance sur ses conditions de mise en œuvre. En effet, à titre de préalable, il faut souligner que le fait que les écoles libres suédoises n'aient pas de meilleurs résultats que les autres écoles publiques n'est pas à lui seul un argument qui prouve leur inutilité[35]. En effet, la création des écoles libres visait d'abord à introduire de la diversité dans l'ensemble de l'offre éducative publique, et non à établir que les écoles libres réussiraient mieux que les autres. Il est d'ailleurs significatif que dans certains cas, en Suède, les établissements publics classiques qui n'hésitèrent pas à revendiquer leurs propres valeurs et qui améliorèrent leur mode de fonctionnement sous l'aiguillon de la concurrence avec les écoles libres aient été reconnus, dans bien des cas, comme des modèles à suivre. Le contraste est net sur ce point avec le Danemark, où la diversité des types d'établissements n'a pas eu cet effet d'aiguillon et où l'établissement public traditionnel tend à représenter un standard minimal[36].

En revanche, le fait que le niveau d'ensemble de l'éducation ait baissé et que les inégalités se soient accrues en Suède, comme le montre le rapport PISA 2012 cité plus haut, semble condamner la réforme suédoise, du moins jusqu'en 2015. Toutefois ce résultat est à interpréter là encore avec prudence. D'abord parce que ses conclusions, essentiellement fondées sur la comparaison entre les notes obtenues par les élèves avant et après la réforme, ne prennent pas en compte le changement de notation survenu en 1991, quand l'on est passé d'un système de notes largement fondé sur les comparaisons entre élèves (les notes avaient alors une valeur indicative, non une valeur par elles-mêmes, et les notes basses ou très basses n'existaient quasiment pas) à un système où la notation est devenue libre, et les notes considérées comme significatives en elles-mêmes, certaines notes pouvant être très basses[37]. Or il est probable que ce changement de notation a dans bien des cas fait mécaniquement baisser les moyennes des notes prises en compte dans les rapports.

Par ailleurs, les rapports PISA ne donnent que des évaluations relatives à l'ensemble d'un système scolaire, ils ne font pas la différence entre différents types d'écoles. Ce qui signifie qu'une baisse de performances peut s'interpréter de différentes façons : des mauvais résultats pour tous les établissements ou bien pour un type d'établissement.

Enfin, les études que je viens de citer furent réalisées quelques années après le lancement de la réforme des écoles libres, elles ne prenaient donc que partiellement en compte les différents biais qui pouvaient orienter leurs résultats. En effet, ces derniers n'étaient pas pondérés en fonction du type d'élèves qui fréquentaient une école libre plutôt qu'une école publique classique, ni rapportés au niveau d'exigence revendiqué par l'établissement que les notes obtenues par les élèves pouvaient refléter (un travail d'élève de qualité égale obtenant une moins bonne note dans un établissement exigeant). Par contraste, les données dont on dispose aujourd'hui au sujet des *charter schools* ou des *free schools* anglaises sont beaucoup plus fiables, car elles prennent en compte ces différents éléments[38].

Surtout, il est difficile d'évaluer les performances d'ensemble du système scolaire suédois sur près de trois décennies sans mentionner les coupes budgétaires importantes, de l'ordre de 20 % en moyenne, qui eurent lieu dès le milieu des années 1990, à la suite de la récession sévère qui frappa l'économie suédoise au début de cette décennie (avec une baisse du PIB de 5 % entre 1991 et 1993, tandis que le pourcentage de la dépense publique dans le PIB entre 1994 et 2008 passait de 67 % à 56 %)[39]. Dans les autres pays qui, à l'instar de la Suède, ont créé des écoles autonomes pour réformer leur système éducatif, les bonnes performances des élèves sont à mettre en rapport avec l'augmentation du budget de l'éducation, comme c'est, de manière caractéristique, le cas de la Finlande, où les dépenses en matière d'éducation augmentèrent fortement dans les années 1995, et de nouveau dans les années 2010, après une légère baisse et un palier.

Les raisons d'un échec partiel

En dépit de ces rappels qui invitent à la prudence sur l'interprétation des résultats rapportés, il est incontestable que la création des *free schools* suédoises n'a pas produit les résultats espérés. Ce bilan mitigé tient au fait que les écoles libres suédoises avaient été créées sans que des questions décisives aient été tranchées ni que les risques encourus à les laisser dans le flou n'aient été anticipés. Ces questions ont trait au rôle de contrôle de l'État, à la place laissée aux acteurs privés dans le pilotage des écoles libres, à la formation des enseignants et aux rôles respectifs des directeurs et enseignants, ces derniers étant en première ligne pour mettre en œuvre la réforme et en permettre la réussite. Ce sont des facteurs bien documentés et qui expliquent le relatif échec des écoles libres suédoises.

Les risques inhérents à la délégation de l'action publique

Bien que la création des écoles libres ait été mise en œuvre de façon transpartisane, le parti des modérés (libéraux et conservateurs) et le parti socio-démocrate des travailleurs y ayant chacun laissé sa marque, il faut constater que, après une vingtaine d'années, le fait que la gestion des écoles publiques suédoises ait été ouverte aux acteurs privés a dans l'ensemble peu bénéficié au secteur *non profit* (majoritairement d'inspiration religieuse, souvent avec un *curriculum* particulier), mais qu'elle a surtout profité aux gestionnaires *for profit*. Selon la formule d'Anne West, l'effet majeur de la réforme aurait été de « substituer des fournisseurs de service privés *(private providers)* aux fournisseurs publics *(public providers)* pour assurer une éducation privée mais financée sur fonds publics *(privately owned and publicly funded)*[40] ».

Le fait que des acteurs privés (*non profit* ou *for profit*) gèrent en partie un bien public n'est pas en soi problématique, cela se fait déjà dans notre pays dans de nombreux domaines, en particulier la santé, mais une telle délégation de gestion n'est bénéfique que sous la condition que l'État définisse précisément le cahier des charges, les objectifs à atteindre, les modalités de contrôle et les pénalités qui s'appliquent aux acteurs privés en cas de manquement. Certes, dans le cas suédois, restait toujours, au titre des prérogatives de l'État, celle d'accorder aux écoles libres l'autorisation de se créer, celle d'agréer leurs objectifs généraux de formation et de les superviser, des agences nationales s'assurant de la mise en œuvre du projet dans le respect des réglementations. Toutefois, en dépit du nouveau plan pédagogique national, entré en vigueur en 1994, qui fixait pour toutes les écoles non seulement des objectifs communs, mais aussi la méthodologie d'ensemble des contrôles auxquels elles devaient se soumettre, ces contrôles n'étaient pas conduits de manière rigoureuse et ils restaient le plus souvent sans conséquence, même en cas d'évaluations négatives. Ce n'est qu'en 2012 que des dispositions furent prises pour que l'évaluation et les résultats des inspections fussent relayés dans la presse et portés à la connaissance du public : la publicité donnée à de mauvais résultats était une sanction majeure pour la réputation de l'établissement.

Par ailleurs, une fois approuvées par la *Swedish National Agency of Education*, les écoles libres étaient bénéficiaires de financements publics en rapport avec le nombre des élèves qu'elles accueillaient, mais comme la somme correspondant à la scolarité de chacun d'eux était payée en une seule fois *(lump sum)* à la municipalité qui la redistribuait aussitôt à l'établissement concerné, l'État ne disposait plus alors d'aucun levier d'ordre financier pour enjoindre à la réforme un établissement dont les mauvais résultats étaient avérés[41].

Parallèlement, les parents d'élèves furent eux aussi progressivement privés de leur capacité d'envoyer un signal d'insatisfaction aux écoles libres qui ne tenaient pas leurs engagements. Ils avaient en effet théoriquement le droit de retirer leur enfant d'une école aux mauvaises performances, mais il s'avérait de fait très difficile pour les élèves mécontents de quitter l'établissement où ils étaient enrôlés en cours de scolarité, ce dernier voulant empêcher qu'ils n'emportent avec eux les financements attachés[42].

Il apparaît ainsi que, dans le cas suédois, la délégation de service public s'est faite dans des conditions beaucoup trop favorables aux gestionnaires *for profit*. Comme, de plus, les bénéfices de gestion étaient directement versés aux entités privées qui géraient les écoles, l'État n'avait aucun contrôle direct sur l'usage qui en était fait, un cas de liberté assez rare en matière de délégation de service public. La Norvège et le Danemark, qui ont repris en partie la formule des écoles libres, ont retenu la leçon puisque dans ces deux pays les comptes des structures gestionnaires d'une école (seulement *non profit* pour ces deux pays) sont étroitement surveillés et que les bénéfices doivent être réutilisés pour financer l'activité de l'école[43].

La visée du profit avant le souci de la pédagogie

La conséquence naturelle de ces libéralités fut qu'il devenait tentant pour les gestionnaires privés de maximiser leurs profits et de réduire les coûts en pratiquant des économies d'échelle, par exemple en augmentant le nombre d'élèves par classe ou en recrutant des enseignants plus jeunes, moins qualifiés, moins expérimentés et moins payés. Surtout, si le souci de rentabilité globale et donc de réduction des frais pouvait théoriquement servir à dégager des moyens supplémentaires à investir dans l'innovation pédagogique, à améliorer les conditions d'enseignement et à créer des incitations positives pour les enseignants grâce à un système de primes, il pouvait aussi conduire, comme ce fut très souvent le cas en Suède, à proposer une pédagogie au rabais, et surtout à limiter l'innovation à l'usage de technologies numériques moins coûteuses, les enseignements *on line* se multipliant au détriment du tutorat ou du suivi individualisé. Les cours où les élèves faisaient face à leur professeur se firent de plus en plus rares, souvent avec un grand nombre d'élèves par classe et dans un souci évident de réduction des coûts en personnel. Les équipements nécessaires à une pédagogie de qualité (laboratoires scientifiques, bibliothèques) ne furent parfois tout simplement pas installés, les infirmières scolaires furent moins présentes et l'encadrement des élèves relâché sinon laxiste, avec pour conséquence la multiplication des retards et absences.

Plusieurs incidents ont de plus jeté le discrédit sur certains types de gestion privée *for profit*. En 2013, le groupe JB Education, géré par une société de capital-risque danoise, Axcel, fit faillite, ce qui le conduisit à vendre sa délégation de gestion de dix-neuf écoles et à se retirer de huit autres en laissant « sur le carreau » plus de 11 000 élèves et 1 600 employés. Cette malheureuse affaire provoqua un vif débat sur la gestion *for profit* d'écoles financées par les fonds publics. De façon plus générale, la part croissante de l'offre de gestion privée en Suède a contribué à assimiler progressivement l'éducation à un service, d'autant plus que les écoles gérées par des entités *for profit* n'hésitaient pas à utiliser tous les moyens publicitaires à leur service pour influencer le choix des familles[44].

Le sujet devint même une préoccupation nationale à l'occasion des élections législatives de 2014, mais seuls les démocrates de Suède (groupe politique d'extrême droite) et leurs alliés proposèrent d'interdire les profits dans les secteurs de la santé et de l'éducation financés par des fonds publics et gérés par des entreprises privées. Quatre ans plus tard, au cours de la campagne précédant les élections de septembre 2018, le ministre de l'Administration publique, le social-démocrate Ardalan Shekarabi, proposa de réguler de façon ferme les profits des entreprises gestionnaires des écoles libres[45]. Mais son projet de loi, soutenu par les écologistes, les sociaux-démocrates et le parti de gauche, fut bloqué au Parlement en raison de l'opposition des modérés (libéraux et conservateurs) et, pour finir, des démocrates de Suède, campés sur une position contraire à celle qu'ils avaient adoptée quatre ans plus tôt. En 2021, des mesures plus strictes furent toutefois proposées pour contrôler davantage les gestionnaires privés[46].

Si l'impression d'ensemble qui se dégage du cas suédois est que la délégation à des acteurs privés d'une partie de l'éducation publique s'est faite d'une façon qui n'était ni assez réfléchie ni assez précise, on continue de s'étonner de la naïveté qu'il y avait de la part des réformateurs libéraux à laisser la bride sur le cou aux acteurs privés *for profit*. Une telle négligence explique que beaucoup aient vu dans la réforme des écoles libres la volonté de l'État d'abdiquer ses responsabilités… au profit du bon vouloir de politiciens provinciaux et des entreprises, au lieu de chercher à résoudre des difficultés pédagogiques par des solutions adaptées aux situations locales. Il est toutefois plus probable que la cause du relatif échec des écoles libres suédoises tienne surtout au manque de préparation et d'anticipation avec lequel cette réforme fut conduite. Est-ce dû au fait que, comme l'enseignement privé n'existait quasiment pas en Suède, le gouvernement n'avait aucune expérience de la gestion des écoles par des entités privées ? De fait, la puissance publique ignorait ce que signifiait l'autonomie scolaire et semblait n'avoir aucune conscience des risques qu'une délégation de gestion pouvait porter. Ce à quoi s'ajoute une façon un peu simpliste de comprendre l'autonomie. La mise en place de l'autorégulation et de l'autogouvernement ne se décrète pas. Dans le système scolaire suédois des années 1980, très étatisé, puis hâtivement municipalisé, aucun temps ne fut laissé à l'apprentissage de l'autonomie, apprentissage par essais, erreurs et rectifications de la part des acteurs concernés, publics comme privés, ce qui est pourtant une condition majeure de la réussite de ce type de réforme.

Les politiques conduites par le Danemark et la Norvège qui visaient à introduire une forte autonomie dans leurs écoles publiques bénéficièrent de quelques années de recul par rapport à l'expérience suédoise. Surtout, elles prirent corps dans un contexte culturel national plus favorable puisque, à côté des écoles publiques, existaient déjà dans ces deux pays de nombreuses écoles privées à but non lucratif et aussi quelques pensionnats gérés par des établissements à but lucratif, l'ensemble constituant déjà une réelle diversité d'offres éducatives. L'apprentissage de l'autonomie par ces établissements, la diffusion des bonnes pratiques qu'ils avaient mises au point, l'influence qu'ils exerçaient sur les établissements publics faisaient que les gouvernements danois et norvégiens, plus habitués à la présence des entités *non profit* dans le monde de l'éducation, se montrèrent aussi plus avisés dans la manière de gérer les acteurs privés appelés à y jouer un rôle ; ils furent en conséquence beaucoup plus vigilants sur les conditions garantissant un contrôle réel par la puissance publique.

C'est ainsi que, en Norvège, des écoles libres ne purent être créées qu'après homologation par un organisme public, l'octroi de l'accréditation exigeant un engagement strict à respecter des régulations nationales. De plus, les objectifs détaillés, les obligations de principes et les critères selon lesquels devait être organisé le contenu des enseignements étaient largement diffusés dans la presse. Surtout, la puissance publique gardait la possibilité de retirer à tout moment l'agrément d'une école libre en cas de manquement au contrat. Cette exigence d'une supervision efficace a même été renforcée en Norvège par le gouvernement libéral-conservateur, ce qui montre que la décision de soumettre des gestionnaires privés à un strict contrôle public peut être prise par un gouvernement de droite comme de gauche. Au Danemark, des dispositions comparables ont été adoptées, même si les écoles libres y disposaient d'une plus grande liberté en matière de politique pédagogique : elles pouvaient refuser des élèves s'il restait des places libres dans l'école, ce qui n'était pas possible en Suède[47].

Les questions relatives au corps enseignant et au directeur d'établissement

La réforme suédoise des écoles libres a permis de mettre en pleine lumière le rôle fondamental que jouent le chef d'établissement et l'équipe pédagogique, mais aussi la difficulté qu'il y a à définir la légitimité dont chacun peut se prévaloir. D'autant plus que la responsabilité partagée des enseignants et directeurs en matière de stratégies pédagogiques et de gestion est portée à la connaissance du grand public depuis que le gouvernement a décidé en 2012 de diffuser le projet de chaque établissement, ainsi que l'évaluation qu'il reçoit.

Dans une école publique suédoise classique, le chef d'établissement est recruté par la municipalité en fonction de ses compétences pédagogiques et de ses qualités personnelles ; il fait partie de la hiérarchie municipale, même si sa mission est réglée par la loi, cas peu fréquent en matière de gestion municipale. En revanche, dans une école publique libre, ce sont les gestionnaires de l'établissement (association, fondation ou groupe privé) qui recrutent le directeur et décident de son salaire. Dans un cas comme dans l'autre, les missions du directeur d'école sont très larges : il doit mettre en œuvre une politique pédagogique originale et atteindre les objectifs de performance du contrat ; il doit aussi piloter le budget qui lui a été alloué et fixer le salaire des enseignants. Il a également autorité sur les personnels à sa disposition, il peut exiger d'eux des heures supplémentaires, et surtout il les évalue.

Pareille façon d'envisager les relations entre directeur d'école et enseignants a suscité de fortes réticences. La question salariale était à cet égard particulièrement sensible, surtout quand ceux dont le chef d'établissement devait fixer les rémunérations étaient ses anciens collègues, avec le risque que ses décisions ne paraissent arbitraires, ce qui est souvent dommageable pour la cohésion d'une équipe. Il n'est donc guère étonnant que, dans la plupart des cas, une règle d'uniformité en matière de salaires et d'évaluations ait prévalu chez les responsables d'écoles libres et qu'elle ait même parfois été consignée explicitement[48]. Mais d'un autre côté, en ne se servant pas des marges de manœuvre dont ils disposaient, le plus souvent afin d'éviter les protestations, les chefs d'établissement semblaient contester le bien fondé du pouvoir dont ils disposaient. D'autant plus que la prudence dont firent preuve de nombreux directeurs d'école ne parvint guère à désarmer la méfiance des enseignants qui, pour beaucoup, exigèrent de signer des conventions avec le responsable de l'école pour limiter son autorité.

La formation du personnel enseignant et des directeurs

Les doutes portés sur la qualité de la formation des responsables et des personnels n'ont fait qu'aggraver ces difficultés. Si la formation des chefs d'établissement recrutés dans les écoles libres est assurée par les universités qui leur dispensent des enseignements d'administration et de pédagogie, les difficultés de recrutement de personnes susceptibles d'assumer semblables responsabilités sont telles que les exigences en matière de qualification sont parfois mises en sourdine. Des cas avérés d'incompétence ont ainsi alerté les pouvoirs publics, et les exigences de formation des responsables ont été nettement relevées[49]. Ajoutons que ces responsabilités nouvelles des chefs d'établissement se sont mises en place dans un contexte culturel et social particulier, propre aux années 2000, quand prévalait en Suède une vive sensibilité à la discrimination et au harcèlement dans les communautés éducatives. Les familles les plus engagées dans la vie de l'établissement y étaient très attentives, et tout manquement pouvait avoir des conséquences sérieuses en matière pénale.

Un autre problème, qui a compromis la réforme des écoles libres, tenait à la formation dans l'ensemble insatisfaisante des enseignants, formation le plus souvent émiettée et disparate, sans véritable unité d'objectifs ou de compétences ni certification nationale. L'État s'est saisi du problème en 2011 et a promulgué des régulations strictes de qualification. Mais à l'heure actuelle, aucune mesure ne permet encore de garantir des standards de qualité pour tous les enseignants, surtout dans un contexte de perte de prestige social et culturel de cette profession, et de les imposer aux écoles libres, l'éventualité de nationaliser la formation des maîtres ou de la placer sous la responsabilité de la puissance publique n'étant pas non plus à l'ordre du jour.

L'expérience suédoise des écoles libres, forme radicale d'autonomie aménagée dans le système scolaire public, a été en partie une réussite (un redressement est notable à partir de 2015), mais en partie aussi un échec. Toutefois, son mérite est d'avoir fait apparaître de manière claire les points qui exigeaient la plus grande vigilance et ceux où se concentraient les risques d'échec.

Les *CHARTER SCHOOLS* : l'autonomie scolaire, version américaine

Les *charter schools* furent créées il y a une trentaine d'années, à peu près au même moment que les écoles libres suédoises. Elles étaient inspirées par des réflexions issues des cercles libéraux de droite comme de gauche. Ces deux types d'écoles voulaient remédier à des difficultés semblables (mauvaises performances scolaires des écoles publiques, surtout pour les enfants issus des minorités ou défavorisés, et manque d'innovation pédagogique) et répondre à des demandes comparables : volonté des parents de choisir parmi plusieurs offres pédagogiques et de s'engager davantage dans les missions publiques d'éducation.

Toutefois, le contexte culturel dans lequel les *charter schools* furent lancées était très différent de celui de la Suède, et cette différence explique en partie le fait que leur création ait été dans l'ensemble un succès, ce qui n'a pas toujours été le cas avec l'expérience suédoise. En effet, alors qu'en Suède, au début des années 1990, il n'y avait quasiment pas d'écoles privées à côté du système public d'éducation, il existait déjà aux États-Unis, et depuis longtemps, des établissements scolaires privés, très autonomes et très différents les uns des autres en matière de buts pédagogiques et de gestion, certains fort anciens, et dont un bon nombre étaient considérés comme excellents. Pareille familiarité avec l'autonomie scolaire, ainsi que la diffusion vers les écoles publiques de pratiques pédagogiques différentes mais bien rodées au sein des écoles privées, et surtout l'habitude de la diversité de styles pédagogiques déjà à l'œuvre dans le monde scolaire américain, ont créé un contexte favorable dont la réforme des *charter schools* a bénéficié et qui explique en partie son succès.

Comment définir une charter school *?*

Quelques mois à peine après le vote de la première loi autorisant la création des écoles « sous contrat » *(charter)* dans le Minnesota en 1991, la Bluffview Montessori School fut ouverte à Winowa. C'est dire combien l'adhésion à cette mesure fut rapide. L'engouement qu'elle suscita ne s'est d'ailleurs guère démenti depuis.

Comme les écoles libres suédoises, les *charter schools* sont des écoles financées, en totalité ou en très large partie, par l'État où elles sont établies, qui ne choisissent pas leurs élèves et fonctionnent de manière autonome. Leur spécificité tient à l'importance reconnue à leur charte fondatrice, à savoir le contrat qui les régit, laquelle peut être conclue soit avec une entité publique (État, district), soit avec une entité privée, *non profit* (association, fondation ou autre), entité désignée comme *sponsor* ou *authorizer.* La charte de l'école, en quelque sorte son contrat constitutif, précise de quelle façon elle est organisée, ce que les élèves doivent y apprendre, mais aussi son organisation interne et sa politique de ressources humaines. Les objectifs pédagogiques y sont présentés de façon détaillée ainsi que les modalités selon lesquelles il sera possible de s'assurer qu'ils ont bien été atteints.

Les *charter schools* sont dans l'ensemble très autonomes pour les domaines définis dans leur charte. Elles illustrent le sens le plus strict de l'autonomie pour un établissement public : la possibilité de se doter de ses propres règles de fonctionnement, d'en justifier la légitimité par rapport aux objectifs qu'il veut atteindre et surtout de montrer en quoi son projet est le plus adapté pour mettre en œuvre les missions publiques qui lui sont déléguées. Pour autant, les *charter schools* ne sont pas des établissements indépendants. Elles sont en effet responsables de leurs actions devant leur *sponsor*, s'engagent à rendre des comptes, font l'objet d'évaluations régulières de sa part et peuvent être fermées si elles ne respectent pas leurs engagements ou ne réussissent pas à atteindre leurs objectifs. De plus, elles doivent se conformer le plus souvent au *curriculum* imposé par l'État, même si elles ne sont pas soumises aux dispositions qui valent pour les autres écoles publiques.

La création de *charter schools* fut un élément clé pour la mise en œuvre d'un vaste programme de réforme scolaire, principalement orienté vers les enfants issus des minorités et des milieux les plus défavorisés socialement. Dix ans après son lancement, cette initiative fut rattachée au *No Child Left Behind Act* de 2002, programme prévoyant en particulier que toute école évaluée comme défaillante selon des critères définis par l'État devait avoir la possibilité d'être transformée en un autre type établissement : public traditionnel, privé ou surtout *charter school*[50].

Les charter schools *:* success story

La première *charter school* fondée à Winona dans le Minnesota s'adressait explicitement aux élèves en échec, rejetés par les écoles conventionnelles ou qui semblaient n'avoir aucun avenir scolaire. Cette inspiration initiale resta fortement présente et elle est une des raisons majeures de la popularité des *charter schools* : en 2014, les deux tiers des élèves qui y étaient scolarisés étaient issus de milieux défavorisés ou des minorités.

À la fin des années 2000, près de vingt ans après l'inauguration de la première *charter school*, quarante-quatre États américains avaient promulgué une loi autorisant ce type d'établissements. C'est en Arizona, suivi de près par la Californie, que le nombre d'élèves enrôlés dans des *charter schools* est le plus élevé. Mais l'expérimentation la plus radicale en la matière fut menée en Louisiane, à la Nouvelle-

Orléans, après le passage du typhon Katrina de 2005. Le soutien apporté par l'État à la création de *charter schools* y fut tel qu'en 2011-2012 78 % des élèves de Louisiane étudiaient dans une *charter school*, et en 2014 la quasi-totalité des écoles de la Nouvelle-Orléans étaient devenues des *charter schools*[51]. En dépit de l'engouement qu'ont suscité les *charter schools*, quelques États américains – le Vermont, le Nebraska, le Dakota du Nord et le Dakota du Sud ainsi que la Virginie de l'Ouest – refusèrent d'autoriser la création de ce type d'établissements scolaires.

La figure suivante illustre la répartition des *charter schools* aux États-Unis. Au premier coup d'œil, on observe un net clivage géographique entre l'ouest du pays où les *charter schools* représentent plus de 10 % des écoles et les États du centre-sud du pays où les *charter schools* restent marginales.

Entre 2000 et 2018, le nombre d'élèves enrôlés dans les *charter schools* est passé de 1 % à près de 6 % des enfants scolarisés dans le public. En 2011, à l'échelle du pays entier, il existait 5 600 *charter schools*, sept ans plus tard, en 2018, on en comptait 7 200 pour 3,1 millions d'élèves, ce qui équivaut à un taux de croissance de 13 % par an, avec une moyenne de près de 250 nouvelles *charter schools* créées chaque année et environ 300 000 élèves supplémentaires inscrits, avec 400 000 candidats sur liste d'attente[52].

Répartition des *charter schools* sur le territoire américain

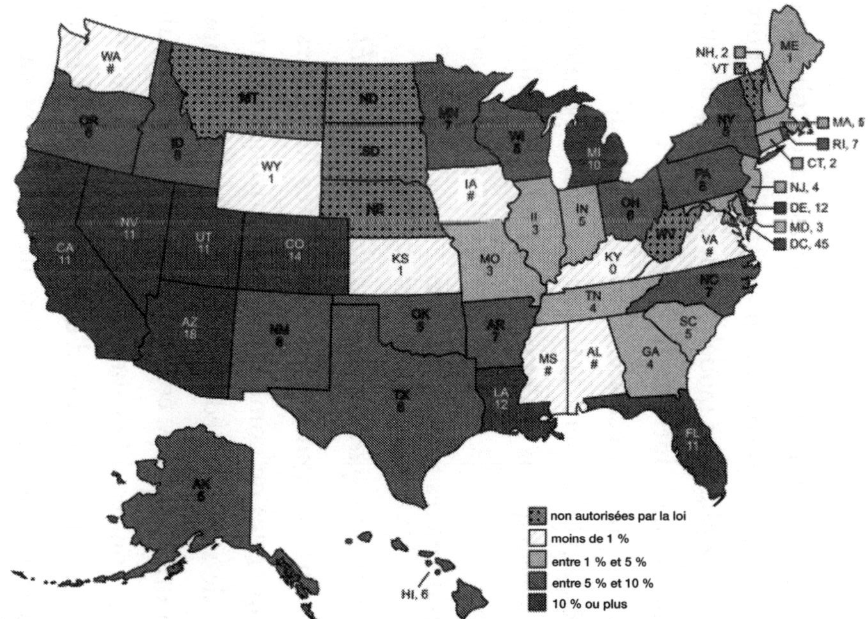

Chiffre arrondi à zéro

Source : *National Center for Education Statistics*, Fast Facts, Charter Schools. (https://nces.ed.gov/fastfacts/display.asp?id=30)

Pareil essor est remarquable pour un type d'écoles qui trente ans plus tôt n'existait tout simplement pas. Devant un tel succès, fut votée, moins de cinq ans après la création des premières *charter schools*, une loi limitant leur développement et disposant qu'il ne devait pas y avoir plus de cinq *charter schools* par district, afin que la liberté de choix des parents entre plusieurs modèles éducatifs – une des motivations initiales de la loi – fût respectée et que l'offre publique classique ne fût pas écrasée. Il reste qu'aujourd'hui, trente ans après leur lancement, la faveur des familles va plutôt aux *charter schools* qu'aux écoles publiques traditionnelles *(traditional public schools)*, puisque le nombre d'élèves accueillis dans ces dernières tend à diminuer.

Une définition unique, des réalités différentes selon les États

Les *charter schools* ne sont pas toutes identiques. Elles partagent certes de nombreuses caractéristiques, surtout en matière de stratégie pédagogique : elles ont des temps scolaires journaliers plus étendus et les vacances scolaires y sont plus courtes. Elles sont toutes soucieuses de proposer une stratégie pédagogique d'ensemble qui va de la définition du *curriculum* à la structure de la classe et au recours aux outils numériques. Elles évaluent leurs élèves au moyen de contrôles rigoureux et nourrissent pour eux des attentes élevées, dans la mesure où elles veulent garantir leur réussite et atteindre un taux de 100 % d'admission au *college* (qui, aux États-Unis, correspond en général au premier cycle universitaire), pour les *charter schools* qui couvrent le cycle secondaire. Enfin, elles leur imposent en général une discipline stricte, ont des personnels bien formés, créatifs et très impliqués. Surtout, elles souscrivent à un ensemble d'engagements à l'égard des parents, partagent avec eux en temps réel les résultats et progrès de leurs enfants et les informent de tout manquement.

Toutefois, en dépit de ces pratiques communes, les *charter schools* diffèrent les unes des autres en raison surtout des réglementations propres aux États où elles sont installées, les systèmes scolaires de chaque État étant autonomes. Ces différences ont trait d'abord à la nature de l'autorité qui sponsorise l'école et lui donne sa caution, le *local board*[53] ou le *state board*, qui ont des exigences différentes. De plus, les *charter schools* ne sont pas intégrées de la même façon au système scolaire selon l'État où elles se trouvent. À titre d'exemple, en Arizona et dans le Michigan, la loi permet à une école privée de devenir une *charter school* (autrement dit de se transformer en école publique de statut particulier), ces deux États favorisant la fluidité entre éducation privée et éducation publique, mais les conditions requises sont dans chaque cas différentes : le Michigan demande qu'un quart des étudiants de l'école privée devenue *charter school* soient de nouveaux étudiants, tandis que l'Arizona requiert seulement qu'elle défende une politique d'admission équitable et non discriminatoire. Les *charter schools* se distinguent enfin par le type de certification exigé pour les enseignants : par exemple, la certification d'État est nécessaire dans le Michigan et en Californie, mais non en Arizona.

Des résultats scrutés

Dans les années qui suivirent leur création, les premiers résultats de recherche furent publiés, qui montraient l'efficacité des *charter schools*[54], surtout pour des étudiants défavorisés et lorsqu'elles étaient installées dans un environnement urbain. Dans le *US News and World Report* de 2013, quarante et une *charter schools* apparaissaient dans la liste des meilleurs établissements scolaires des USA (ce qui signifiait que 21 % de ces établissements étaient des *charter schools*, bien que celles-ci n'aient représenté alors qu'environ 5 % des écoles publiques). Par ailleurs, le *Center For Research On Educational Outcomes*[55] a agrégé les résultats de travaux de recherche menés dans cinq États différents (recueil de données et analyses), en tenant compte des caractéristiques démographiques et économiques de l'environnement des écoles concernées. Il en ressortait que les *charter schools* avaient le plus souvent de meilleurs résultats que les autres écoles publiques ; et surtout, à l'échelle globale, que le pourcentage des bonnes ou très bonnes *charter schools* tendait à augmenter dans la mesure où les *charter schools* aux résultats insatisfaisants étaient progressivement fermées, et que les écoles qui les remplaçaient étaient créées sur le modèle des *charter schools* qui marchaient bien.

Une méta-analyse publiée en 2017 arrivait à des conclusions similaires. Elle employait des méthodes expérimentales pour évaluer l'effet des *charter schools* et mesurer leur impact, d'où il ressortait que ces écoles amélioraient de façon notable les performances en lecture et en mathématiques[56]. En effet, sur 11 études, 10 observaient un effet positif des *charter schools* sur les résultats obtenus par leurs élèves en matière de lecture. Sur ces 10 résultats positifs, 7 étaient statistiquement significatifs. Parallèlement, sur ces 11 études, 9 concluaient à un résultat positif des *charter schools* sur les scores des élèves en mathématiques, dont 8 étaient statistiquement significatifs. L'étude se focalisait ensuite sur un type de *charter school* avec « obligation de résultat » (nommée *charter school no excuses*) et montrait que le bénéfice apporté par ces *« no excuse schools »* était encore plus marqué : le gain obtenu sur les résultats en mathématiques étant plus élevé (gain de 0,25 d'écart-type) que celui constaté sur les résultats en lecture (0,16 d'écart type).

Une autre étude a employé une technique différente en comparant les *charter schools* et les écoles publiques de la ville de Boston[57]. Les résultats présentés montrent que l'impact de la fréquentation pendant un an des *charter schools* de Boston est important et positif. Par ailleurs, l'effet bénéfique (par année de fréquentation) d'une *charter school* (par rapport à une école publique) sur les taux de réussite en *middle school* (en gros l'équivalent de notre collège) était de 12 points de pourcentage en mathématiques et de 6 points en anglais. Cet effet positif de la fréquentation des *charter schools* était encore plus net pour les élèves issus des minorités que pour les élèves blancs.

Plusieurs recherches conduites selon des méthodologies différentes, dans le but de limiter l'impact des biais dans l'évaluation des *charter schools* (par exemple, l'auto-sélection des élèves candidats à une *charter school*, qui conduirait à attribuer les bons résultats d'une école à son fonctionnement, sans tenir compte du bon niveau de départ des étudiants enrôlés ou de leur environnement familial), ont montré que si, de manière globale, les *charter schools* ont des résultats comparables à ceux des écoles publiques classiques, en revanche, celles qui étaient situées dans des quartiers défavorisés et fréquentées par des étudiants issus des minorités présentaient de bien meilleures performances[58].

Les responsables des *charter schools* étaients de leur côté conscients de l'autosélection implicite des élèves que leurs parents voulaient inscrire dans leur établissement et ils se sont montrés soucieux d'en atténuer les effets. Ils ont eu recours à des loteries *(randomy lottery)* dans les cas où le nombre de candidats était supérieur à celui des places disponibles, cas qui se présente fréquemment, au point d'envisager d'intégrer de telles loteries dans leur politique générale d'admission. Au fur et à mesure que cette pratique se répandait, l'effet des biais dans les études consacrées aux performances des élèves enrôlés en *charter schools* s'est atténué[59].

Un enseignement complémentaire des recherches consacrées aux *charter schools* a trait à leur influence sur d'autres types d'établissements : lorsque les écoles publiques reprennent à leur compte certaines des méthodes pédagogiques des *charter schools*, leurs résultats s'améliorent, ce qui nourrit l'espoir qu'un échange de bonnes pratiques puisse conduire à une amélioration d'ensemble du système scolaire. Cette influence bénéfique fut constatée dans les écoles de la ville de Boston, et elle a été confirmée dans le Michigan, à New York, dans l'Indiana et le New Jersey. Les données convergent pour laisser penser que les *charter schools* sont plus efficaces lorsqu'il s'agit de remédier à la baisse des performances scolaires des élèves non blancs[60].

Les charter schools no excuses

Toutes les recherches menées sur les *charter schools* confirment que celles parmi elles qui affichent une philosophie *no excuses*, autrement dit qui ne tolèrent pas que leurs objectifs de formation ne soient pas atteints, sont souvent les meilleures. Une *charter school no excuses* typique est une école urbaine, qui s'est dotée d'objectifs éducatifs ambitieux (en particulier les 4C : « caractère systématique, clarté, souci de la cohérence d'ensemble et des conséquences » [*comprehensiveness, clarity, consistencies* et *consequences*]), mais aussi d'un strict code de discipline, d'horaires étendus (elle commence en général dès le mois d'août et les élèves travaillent parfois le samedi), et qui organise des journées de classe de 7 h 30 à 17 heures. Les élèves les plus faibles y reçoivent un soutien ciblé, les professeurs sont triés sur le volet et l'éthique du travail y est encouragée. Tous les étudiants doivent signer une forme d'engagement pour l'excellence *(commitment to excellence)*. Ils reçoivent des récompenses pour leurs bons résultats, par exemple des bons pour des voyages.

Sans mettre en cause l'amélioration des performances des élèves des *charter schools*, des travaux ont toutefois contesté leur permanence dans le temps[61]. Il semble par ailleurs que les strictes pratiques disciplinaires que certaines *charter schools no excuses* mettent en avant (par exemple : la surveillance étroite des comportements et des sanctions sévères) n'aient que peu d'effets sur les résultats scolaires[62].

La part contestée du privé

Le fait que les *charter schools* accueillent surtout des étudiants issus de milieux défavorisés et qu'elles ne soient en général financées qu'à 80 % de leur budget par l'État a amené les responsables de ces écoles à chercher l'appui de philanthropes. Cette raison fait que la création des *charter schools* a été à l'origine d'un engagement massif des donateurs privés en faveur de l'éducation publique.

Dès le milieu des années 1990, Bill Gates, qui avait décidé depuis quelques années d'orienter ses activités philanthropiques vers l'éducation (avec un apport financier de près de 2 milliards de dollars), observait que c'était sur les *charter schools* que ses dons avaient eu le plus d'effet puisque, comparées à la plupart des autres écoles qui en avaient également bénéficié, elles seules avaient été capables de transformer des écoles présentant de mauvais résultats en écoles de très bonne qualité et dotées d'objectifs ambitieux, en particulier pour les enfants les plus pauvres. Dans la foulée, de nombreux autres philanthropes intéressés par l'éducation choisirent d'aider ce type d'établissements, à mesure qu'un nombre croissant d'États promulguaient des lois permettant leur création.

C'est ainsi que de nouveaux acteurs privés firent leur entrée dans le domaine de l'éducation dans un but philanthropique, non seulement pour soutenir des *charter schools* déjà bien établies, mais aussi pour en créer de nouvelles. Le véhicule le plus souvent utilisé était une fondation *non profit*, laquelle rédigeait un projet de *charter school*, puis demandait aux autorités de l'État l'autorisation de la créer. Lorsque l'expérience se révélait satisfaisante, l'école obtenant de bons résultats et répondant à une demande réelle, la fondation qui avait été à l'initiative de sa création cherchait à en reproduire le modèle en plusieurs exemplaires, jusqu'à constituer progressivement un réseau d'établissements portant la même marque et partageant le même style et les mêmes caractéristiques pédagogiques.

Tel fut le cas, par exemple, du réseau des *KIPP Schools (KIPP* pour *Knowledge is Power Program)*. Tous les directeurs des écoles *KIPP* doivent suivre une formation spécifique et adhérer à un engagement strict sur cinq points fondamentaux (fortes attentes à l'égard des élèves, entraînement de la force de caractère, encadrement par des enseignants et dirigeants très engagés, environnement sûr, structuré et stimulant, stratégies d'orientation éprouvées). Les écoles *KIPP* appliquent toutes la clause *no excuses* pour ce qui relève des objectifs à atteindre, surtout en termes de performances scolaires. Chaque école est gérée de manière autonome et inscrite dans le tissu local, mais elle est aussi suivie de près par les responsables de l'entité philanthropique. Les résultats obtenus par les élèves de ces écoles *KIPP* (dont 95 %

sont afro-américains ou latinos et qui, pour 86 % d'entre eux, sont issus de milieux très modestes) sont meilleurs que ceux des élèves des autres écoles du district. De plus, ils sont pour la quasi-totalité d'entre eux admis au *college*. Certaines des écoles *KIPP* ont fait l'objet d'études détaillées qui ont confirmé leurs bons résultats, en particulier l'école établie à Lynn dans le Massachusetts, secteur défavorisé du nord de Boston[63].

D'autres groupes privés ont également joué un rôle important dans le monde des *charter schools*, chacun avec un style différent. Les écoles *Achievement First* mettent en avant les performances scolaires, elles ont dans l'ensemble de remarquables résultats. C'est le cas également des écoles du réseau *Uncommon Schools* (établies surtout au Massachusetts, dans le New Jersey et à New York) et des *Aspire Public Schools* (créées par le fondateur de Netflix, Reed Hastings), surtout pour les élèves les plus défavorisés[64]. Les écoles du réseau *Great Hearts Academies* mettent fortement en avant la lecture des grands auteurs, l'apprentissage des langues anciennes, accordent beaucoup d'importance aux règles de comportement et imposent le port d'un uniforme. En revanche, les *charter schools* qui ont pris le parti d'un enseignement partiellement *on line* ont des résultats nettement moins bons que celles qui ont gardé une pédagogie traditionnelle, des difficultés de concentration ayant été en particulier relevées chez leurs élèves. C'est le cas des écoles de *Rocketship Education* (réseau renommé en 2017 *Rocketship Public Schools*), qui revendique un modèle d'apprentissage mixte *(blended learning)*, et des *charter cyber schools*, organisées de façon indépendante, dont l'enseignement est en partie ou totalement dispensé sur internet[65].

L'engouement des investisseurs privés pour les *charter schools* amène à s'interroger sur l'intérêt qu'ils peuvent y trouver, au-delà de la sincérité de leur engagement philanthropique. De fait, on a observé que des groupes privés pouvaient aisément facturer un ensemble de services à l'entité philanthropique qui gère un réseau d'écoles et bénéficier de ce fait de dispositions fiscales favorables, surtout lorsqu'ils recrutaient leurs employés parmi les habitants de secteurs défavorisés, là où la plupart des *charter schools* sont installées[66]. En outre, les investisseurs étrangers deviennent éligibles à l'achat d'un visa d'immigration dès que leur mise de fonds dans une *charter school* dépasse 500 000 dollars. Enfin, bien que les *charter schools* soient gérées dans leur immense majorité par le public ou le privé *non profit*, les bâtiments dans lesquels elles sont installées appartiennent le plus souvent à des propriétaires privés. Plusieurs groupes immobiliers ne tardèrent pas à investir dans des locaux pour les louer ensuite à des *charter schools*, et bien que la part du loyer pour ces écoles soit limitée à 20 % de leur budget, cette limite n'est pas toujours respectée[67]. Il arrive aussi que les propriétaires des locaux loués aux *charter schools* soient directement liés aux compagnies dont dépendent les fondations qui les gèrent[68].

Les protestations suscitées par cette confusion entre le soutien philanthropique apporté à une initiative publique et des activités proprement commerciales ont conduit à renforcer les exigences de contrôle et de publicité imposées aux *charter schools*. En 2017, la *National Education Association* a publié un guide des *charter schools* avec leurs obligations, présentant ce document comme une information due aux contribuables ; des règles comparables de transparence et d'impartialité furent dans la foulée publiées par les quarante-quatre États qui ont rendu possible la création de ce type d'établissements.

Il reste que la multiplication des *charter schools* a été à l'origine d'une considérable mobilisation des philanthropes et donateurs privés en faveur de l'école publique. L'apport de l'argent privé n'a pas suffi à lui seul à remédier aux difficultés rencontrées par le système éducatif public aux États-Unis[69], loin de là, mais il a eu incontestablement un effet bénéfique.

Publiques ou privées ?

Les *charter schools* sont considérées comme des écoles publiques par le *Departement of Education* fédéral. En effet, elles sont accessibles à tous les élèves et ne demandent aucuns frais d'inscription, bien qu'elles soient gérées le plus souvent par des associations ou d'autres types d'entités privées *non profit*. Mais, d'un autre côté, les *charter schools* sont parfois aussi perçues comme des écoles privées, même si elles sont largement financées par l'État et soumises aux contrôles qu'il diligente chaque année *(annual federaly mandated tests)*. La raison de cette perception ne tient pas au fait qu'elles sont gérées par le privé ni même au fait qu'elles ne sont pas tenues d'obéir aux règles qui s'imposent aux autres écoles publiques, mais plutôt à ce qu'elles sont en partie financées par de l'argent privé, même si celui-ci vient de la philanthropie[70]. De plus, les *charter schools* jouissent, sur certains points, d'avantages de statut qui les assimilent au secteur privé. Pour donner un exemple : à Chicago, le *National Labour Relations Board* reconnut aux *charter schools* du district le droit de gérer leurs personnels selon les règles du secteur privé[71]. Cette ambiguïté a été mise en avant par les critiques des *charter schools*, qui ont vu dans leur création une première étape dans un processus de privatisation des écoles publiques, même si encore une fois toutes les *charter schools* sont gratuites et ne choisissent pas leurs élèves, comme c'est la règle dans les écoles publiques.

Le cas des *charter schools* est sans doute l'un des exemples les plus concluants parmi les différentes initiatives lancées jusqu'à aujourd'hui en matière d'écoles autonomes publiques : meilleurs résultats, mobilité sociale accrue, innovation pédagogique et réelle différenciation des pédagogies. Dans les *charter schools*, les marges de manœuvre que permet l'autonomie sont largement utilisées. Comme l'engagement des familles et l'implication de la société civile et du monde philanthropique y sont également constatés, les *charter schools* semblent être une démonstration dans la réalité de l'effet bénéfique que peut avoir sur l'ensemble du système scolaire public la présence en son sein d'écoles autonomes.

La création des *free schools* en Angleterre

Peu après l'arrivée au pouvoir de la coalition formée par les conservateurs et les libéraux au mois de juin 2010, Michael Gove, secrétaire d'État à l'Éducation du nouveau gouvernement britannique, donna le coup d'envoi de la création d'écoles libres *(free schools)*. Il s'agissait d'écoles nouvelles, autonomes, financées sur fonds publics, gratuites pour les parents, contraintes d'accueillir tous les élèves qui se présentaient, sans sélection fondée sur le niveau scolaire. De telles écoles pouvaient éventuellement être gérées par des acteurs privés (mais seulement *non profit*). Même si elles dépendaient de l'État, elles étaient supervisées par le ministère et non par les autorités locales, ou *Local Education Authorities (LEA)*, jusque-là responsables pour l'essentiel de l'éducation publique. Dans l'élan donné par sa déclaration, le secrétaire d'État invita des groupes de parents, des professeurs et des associations à soumettre des propositions pour créer des écoles de ce type.

Big Society *et autonomie scolaire*

Plus d'une vingtaine de candidatures arrivèrent au cours des mois suivants et, en septembre 2011, à peine plus d'un an après l'annonce retentissante du ministre, les premières *free schools* ouvrirent en Angleterre. Dès la fin de l'année, on en comptait déjà 16, dont 5 écoles religieuses *(faith schools)*, 24 en 2011, et 55 en 2012 ; elles étaient le plus souvent des *colleges* (cela correspond en Angleterre aux dernières années de l'enseignement secondaire). Huit ans plus tard, en 2020, le nombre des *free schools* s'élevait déjà à 500, et Boris Johnson annonçait l'ouverture de 220 nouvelles écoles de ce type pour les années à venir, même si on notait au même moment que 66 *free schools* avaient été fermées ou n'avaient pas pu être ouvertes, bien que leur projet ait été agréé. Jamais une réforme dont l'ambition était de changer le service public de l'éducation n'était devenue une réalité avec une telle rapidité. Elle ne concernait toutefois que l'Angleterre, où des écoles libres ont été créées dans toutes les régions du pays, mais non l'Écosse, le Pays de Galles ou l'Irlande du Nord, qui refusèrent d'en établir.

Le projet de créer des *free schools* était emblématique, il figurait en bonne place dans le programme électoral des conservateurs pour la campagne de 2010 et traduisait leur volonté de « permettre aux parents de fonder de nouvelles écoles adaptées aux besoins du terrain ». La *free school policy* était de plus une pièce maîtresse de la « stratégie anti-pauvreté » du nouveau gouvernement puisque, en se réclamant des *charter schools* américaines et des *free schools* suédoises, elle revendiquait sa détermination à « briser les barrières à l'entrée afin que chaque bon fournisseur d'éducation puisse créer ce type d'écoles », « surtout dans les zones les plus défavorisées »[72]. Elle était enfin une mesure phare de la *Big Society Initiative*, destinée à engager davantage la société dans les affaires publiques[73].

À première vue, ce sont bien les mêmes raisons qui, en Angleterre, en Suède et aux États-Unis, motivèrent la création d'écoles libres, financées par l'État mais gérées par différents types d'acteurs privés : à savoir, non seulement le constat d'une baisse du niveau des performances scolaires, surtout pour les enfants les plus démunis, mais aussi d'une insuffisance des capacités d'accueil pour les nouveaux élèves disponibles dans les écoles existantes, ou encore la prise en compte de l'insatisfaction croissante des parents auxquels n'était laissé qu'un choix limité entre différents types d'écoles, du moins dans le cadre de l'éducation publique. Enfin, si la politique d'admission qui prévalait avant l'initiative de 2010 permettait bien aux parents d'exprimer trois vœux d'écoles auprès de la *LEA* dont ils dépendaient (même quand ces écoles se trouvaient en dehors de leur zone de résidence), dans la plupart des cas, surtout si les établissements souhaités faisaient l'objet d'une forte demande, le critère de proximité géographique décidait pour finir de l'affectation scolaire des élèves. Cela réduisait de beaucoup la capacité de choix des familles, à l'exception des plus fortunées qui seules avaient les moyens de déménager pour se rapprocher d'écoles publiques réputées ou de se tourner vers le secteur privé. La création des *free schools* changea la donne, les parents pouvant inscrire leur enfant dans l'école qu'ils souhaitaient.

Comme cela avait été le cas en Suède et aux États-Unis, la mise en œuvre de l'autonomie des établissements scolaires avec d'importantes marges de manœuvre laissées aux initiatives pédagogiques fut présentée dans l'Angleterre des années 2010 comme le moyen de solliciter et d'accueillir la contribution des acteurs du terrain et de la société civile et d'améliorer les performances scolaires. Mais à ces considérations d'efficacité et de proximité avec le monde social se rattachait aussi la conviction plus philosophique, voire idéologique, que l'autonomie des écoles permettrait le développement d'une diversité d'options pédagogiques et de types de gestion, avec pour conséquences l'émulation entre les établissements publics et une forte incitation à l'amélioration d'ensemble du système.

La figure suivante montre que les *free schools* sont désormais inscrites dans le paysage scolaire public (la diversité des institutions qui le composent étant sans équivalent, et donc sans traduction, dans le système français) : elles figurent souvent comme un premier choix pour les parents (41 %).

Volume de candidatures par ordre de préférences en primaire

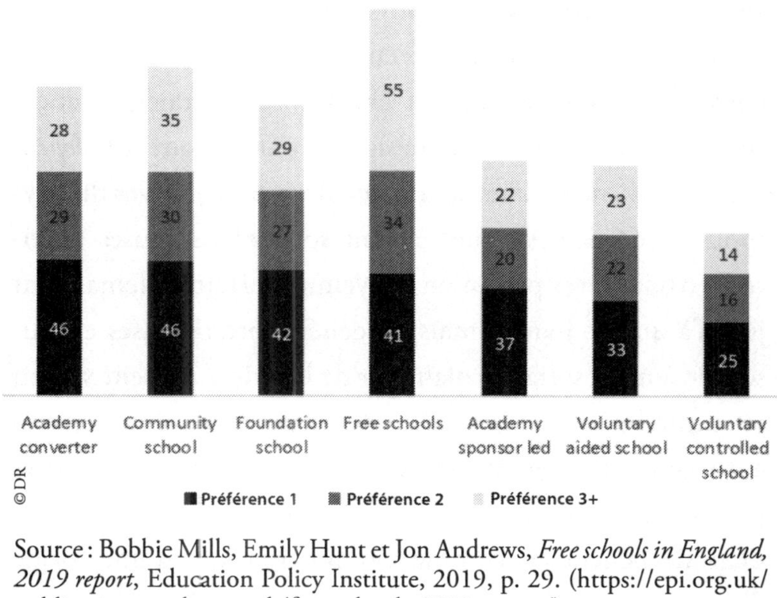

Source : Bobbie Mills, Emily Hunt et Jon Andrews, *Free schools in England, 2019 report*, Education Policy Institute, 2019, p. 29. (https://epi.org.uk/publications-and-research/free-schools-2019-report/)

L'initiative anglaise bénéficiait surtout d'un recul d'une vingtaine d'années par rapport à la création d'établissements de ce type en Suède et aux États-Unis, période au cours de laquelle recueils de données, observations des résultats et travaux de recherche donnaient à ceux qui portaient cette réforme les moyens d'être vigilants sur les risques encourus et les conditions optimales de réussite. De plus, plusieurs traits étroitement liés au contexte culturel propre à l'Angleterre ont facilité sa mise en œuvre. D'abord le fait qu'au moment de la création des *free schools* existait déjà en Angleterre, comme aux États-Unis, une grande diversité dans l'offre d'éducation avec de nombreuses écoles privées, de toute nature, certaines mêmes pilotées par des entreprises, et revendiquant chacune une stratégie éducative originale. Ces écoles, désignées par le nom d'*independant schools*, ne scolarisaient qu'environ 6 % d'élèves du pays (pour 2 366 écoles), elles étaient souvent coûteuses (environ 10 000 livres par an en moyenne, certaines demandant jusqu'à 40 000 livres), mais en général prestigieuses en raison de leurs résultats scolaires et de l'environnement sportif et culturel proposé. Les méthodes et pratiques de ces écoles autonomes privées étaient bien connues, parfois reprises par des établissements publics, ce qui permettait à ces derniers de bénéficier, comme par procuration, d'une forme d'expérience de l'autonomie. Le contraste était donc très net avec la situation suédoise où l'éducation privée n'existait quasiment pas avant l'introduction des écoles libres. Autre différence : si la loi anglaise incitait fortement associations et entités philanthropiques à s'investir dans l'éducation publique, elle excluait en revanche, à la différence de la Suède, les entreprises *for profit*. Enfin, dernière spécificité, les *free schools* anglaises disposaient d'une grande latitude d'action, car elles n'étaient même pas tenues d'adopter le *curriculum* commun. En résumé : une familiarité ancienne de la concurrence en matière d'offre éducative, une expérience solide de la gestion des écoles par les entités *non profit* et la décision assumée d'accorder une large autonomie aux écoles libres semblaient autant de conditions propices à la réussite des écoles libres publiques anglaises.

La création des academies *en 2002 : un premier pas vers les* free schools *?*

En dépit de l'impression de rupture que les propos de Michael Gove, cités plus haut, voulaient donner, les *free schools* semblaient être en partie un approfondissement des réformes que les gouvernements travaillistes avaient conduites à partir des années 2000. Le gouvernement de Tony Blair avait en effet proposé dès 2002, dans le cadre de l'*Academy Program*, que des écoles déjà existantes puissent se transformer en écoles de statut particulier, les *academies*, dotées d'une forte autonomie, financées sur fonds publics et ouvertes à tous les élèves. Des acteurs de la société civile (associations, structures philanthropiques) étaient invités à soutenir financièrement les *academies*, en priorité lorsqu'elles résultaient de la transformation d'écoles en difficulté implantées dans des quartiers défavorisés. Surtout, les *academies* dépendaient de l'État et non des autorités locales. Dès que cette initiative fut lancée, les *academies* suscitèrent un vif intérêt, puisque près de 200 écoles publiques décidèrent d'accéder à ce statut.

Les *free schools* fondées en 2010 par les conservateurs se distinguaient des *academies*, établies près de dix ans plus tôt par les travaillistes, d'abord par le fait qu'elles étaient des écoles nouvelles, créées de toutes pièces à partir d'un projet pédagogique. De plus, et c'est l'essentiel, leur caractéristique première était d'être fondées sur un accord d'engagement, un contrat *(funding agreement)* conclu avec le ministère de l'Éducation ou un *sponsor* agréé. C'est bien sur la base d'un tel contrat que la création d'une *free school* était proposée par un groupe de personnes (parents, associations) ou par une entité philanthropique. Autre différence : après avoir obtenu l'agrément de l'État, les porteurs du projet se voyaient verser les financements correspondant au nombre d'élèves que l'école souhaitait accueillir *(start up grant)*, ainsi que les premiers financements pour son fonctionnement *(ongoing funding)*. Une fois établies, les *free schools* adoptaient les mêmes règles d'admission que les autres écoles publiques et étaient soumises au contrôle de l'État, ainsi qu'au corps d'inspection national OFSTED[74]. Enfin, les *free schools* étaient pilotées par un *governor* chargé de nommer le directeur, de distribuer les financements et de mettre en œuvre les orientations pédagogiques. Ce dernier, épaulé par un comité directeur, devait assurer le recrutement des professeurs, le programme, les emplois du temps, la répartition des élèves dans les classes et le volume horaire, ainsi que les rythmes scolaires.

Parallèlement à la création des *free schools*, le gouvernement de coalition conduit par David Cameron fit passer la loi intitulée *Academy Act*, qui dotait les écoles publiques *(state schools)* souhaitant devenir des *academies* d'une autonomie renforcée, en leur offrant par exemple la possibilité de moduler le salaire des enseignants ou de proposer un *curriculum* distinct du programme national. À la faveur de ces nouvelles dispositions, les *academies* disposèrent d'une réelle liberté à l'égard de leur *sponsor*, elles pouvaient même, dans certains cas, se dispenser d'en avoir un.

En conséquence du nouveau statut ainsi reconnu aux *academies*, les *free schools* ne semblaient plus constituer qu'un sous-groupe des *academies*, dont elles se distinguaient seulement par le fait qu'elles étaient nouvelles et créées *ex nihilo* à l'initiative d'une association ou d'une fondation. Mais en dépit de cette apparente similitude, les *free schools* restaient bien un type d'établissement différent des *academies* : elles avaient plus d'autonomie, étaient considérées comme plus innovantes, recrutaient des professeurs dans l'ensemble mieux rémunérés, et surtout, c'est la différence essentielle, elles se référaient à un contrat fondateur, conclu avec leur *sponsor*, le plus souvent l'État.

Par ailleurs, les *free schools* étaient encore plus indépendantes des autorités locales que ne l'étaient les *academies*. Lorsqu'elles furent créées, la loi disposait en effet que des autorités locales ne pourraient pas empêcher la création d'une *free school*, ce qui était une manière radicale de mettre fin au pouvoir exercé par les instances locales en matière d'éducation publique. Toutefois, un an plus tard, en 2011, fut publié un *white paper* (ou rapport du gouvernement formulant une proposition) permettant aux communes de proposer elles aussi la création de *free schools*, après un avis favorable du gouvernement[75] ; un tel revirement prenait en compte les vives protestations des communes qui ne voulaient pas voir les *free schools* leur échapper. La disposition proposée signifiait concrètement que, dans toutes les circonstances où une commune jugerait nécessaire de réhabiliter une école ou de créer une nouvelle école, elle serait autorisée à lancer un appel d'offres pour la création soit d'une *academy*, soit d'une *free school*, soit encore d'une traditionnelle *community school* (ici, une école qui dépend des autorités locales), laquelle était autorisée à candidater et à se refonder en *free school* si aucun autre candidat ne paraissait éligible[76]. C'était une façon de reconnaître aux pouvoirs locaux une capacité d'initiative éducative, qui atténuait l'éviction dont ils avaient été l'objet dans la réforme initiale. Il reste qu'avec la création des *free schools*, les autorités locales n'en perdirent pas moins une part de leur influence sur l'éducation publique, d'autant plus que le droit qui leur était accordé de créer des *free schools* les mettait sous la dépendance de l'État dont elles devaient attendre l'accord et accepter le contrôle[77].

En 2015, cinq ans après la création des premières *free schools* et à la suite des élections qui confirmèrent les conservateurs au pouvoir, fut publiée une disposition dénommée *free school presumption* : elle indiquait que toute nouvelle école créée était présumée être une *free school*, qu'elle résultât de la transformation d'une école existante ou fût créée au terme d'un appel d'offres compétitif lancé par une autorité locale. Cela revenait de fait à identifier *academies* et *free schools*, d'autant plus que l'*Education and Adoption Act* de 2016 obligeait les établissements jugés inadéquats par l'OFSTED à se transformer en *academies*. Parallèlement, des places supplémentaires furent créées dans des écoles déjà existantes, par exemple dans des *grammar schools* (écoles le plus souvent publiques mais autorisées à sélectionner leurs élèves, réputées très exigeantes et souvent payantes), pour des élèves qui seraient considérés comme des élèves de *free schools* mais détachés dans de telles écoles (dont les règles ne sont pas celles du reste du secteur public) et donc dispensés de frais de scolarité[78]. La création des *free schools*, suivie de la modification du statut des *academies* et de la redéfinition des responsabilités respectives des autorités locales et nationales, n'était donc pas seulement une réforme promouvant l'autonomie scolaire, elle visait aussi à une réorganisation complète de l'éducation publique anglaise.

La création des *free schools* a également donné le coup d'envoi à la multiplication des s*pecial free schools*, qui forment aujourd'hui 3,6 % des écoles subventionnées par l'État. Ces écoles spécialisées répondent aux besoins éducatifs d'enfants qui ont des problèmes particuliers d'adaptation au milieu scolaire. Il existe à présent trente-quatre écoles de ce type en Angleterre, une au moins dans chaque région, dont un quart à Londres. Ces écoles ont fait l'objet jusqu'à présent d'évaluations mitigées. Parallèlement furent créées des *studios schools* (rassemblant en moyenne 300 élèves et adossées à un projet) et des *university technical colleges*, qui accueillaient des jeunes gens de quatorze à dix-huit ans, auxquels était dispensée une formation pratique ouvrant sur une perspective d'emploi à court terme mais permettant aussi de poursuivre des études à l'université.

L'évolution du statut des *academies* qui se rapprochaient de plus en plus des *free schools*, ainsi que le nombre croissant des *free schools* tendaient à faire de cette deuxième vague de réformes passées après 2015 un levier de transformation complète de l'éducation publique anglaise et pas seulement une façon de remédier aux difficultés des écoles défaillantes. Il s'agissait bien de mettre en place une offre scolaire concurrentielle au sein même du système public dès lors composé d'écoles publiques, de *free schools* et d'*academies*[79]. Pour mener à bien ce projet, l'engagement financier de l'État fut considérable, avant une baisse avérée. En effet, après avoir régulièrement augmenté entre 1980 et 2009, surtout avec les travaillistes, les dépenses publiques d'éducation ont connu une hausse spectaculaire lorsque David Cameron arriva au pouvoir. Mais cette augmentation des dépenses, qui correspond à la création des *free schools* et à la nécessité d'établir de nouvelles écoles, ne dura que deux ans. Dès 2012, les dépenses baissèrent (avec une diminution très notable en 2014), une légère hausse pouvant toutefois être observée à partir de 2019.

Est-ce que ça marche ?

Avec plus de dix ans de recul, on peut considérer que les réformes des années 2010 ont changé l'éducation publique en Angleterre, puisque les *free schools* et les *academies* accueillent aujourd'hui la moitié des élèves scolarisés dans le public et représentent environ 40 % des établissements scolaires (à côté des écoles publiques classiques, restées dépendantes des autorités locales, et des écoles indépendantes ou privées de statut spécial, qui représentent environ 6 % des établissements), la majorité des *academies* et *free schools* étant intégrée dans des réseaux de plus de six écoles. On comprend ainsi qu'au début de l'année 2016, quelques mois avant sa démission, David Cameron ait déclaré : « J'aimerais qu'en 2020 toutes les écoles financées par l'État soient des *free schools*. Toutes les écoles en échec *(failing schools)* doivent désormais devenir des *academies*, établies en partenariat avec des associations de parents et des groupes d'enseignants. » Six ans après la création de ce nouveau type d'établissement, le ton était à l'enthousiasme, il n'en est plus de même aujourd'hui, même si une amélioration globale de l'éducation publique anglaise est toujours portée à son crédit.

Deux ans après la création des *free schools*, le rapport du *House of Commons Select Committee on Education* soulignait en effet qu'elles n'étaient pas systématiquement meilleures que les écoles soumises à l'autorité locale. En novembre 2017, parut un rapport beaucoup plus complet qui évaluait les *free schools* ainsi que le rôle qu'elles jouaient dans l'ensemble de l'offre éducative. Le rapport notait ainsi qu'elles avaient incontestablement contribué à l'augmentation des places disponibles, en particulier dans les communes où un tel besoin était pressant, surtout pour les établissements primaires, et que dans ces circonstances elles avaient permis une nette amélioration des performances scolaires des élèves les plus défavorisés. En revanche, il était également souligné que dans les districts qui ne présentaient pas une telle pénurie de places, les *free schools* n'avaient pas permis de progrès notables de la qualité de l'offre éducative, à l'inverse de ce qui s'était produit là où le système scolaire était le plus défaillant. Paradoxalement, les écoles libres anglaises semblent moins demandées que les écoles publiques classiques dans les quartiers les plus riches (en raison probablement de la qualité de base de ces dernières), mais aussi dans les communautés rurales éloignées (où l'offre de *free schools* est de toute façon moins dense)[80].

Cet état des lieux montre en tout cas que l'ambition qui avait d'abord motivé la création des *free schools*, établies en plus grand nombre dans les quartiers les moins favorisés, ou comptant une forte proportion de communautés, avait été accomplie, au point parfois de mettre dans une situation difficile les écoles gérées par l'État ou par les municipalités, du moins avant que ces dernières n'aient la possibilité de se transformer en *academies* nouvelle formule. Des écoles publiques classiques sont ainsi restées avec des places non remplies, alors que, par ailleurs, les élèves candidats aux *free schools* étaient trois fois plus nombreux que les places disponibles[81].

Ces constats ont été à l'origine d'une évolution dans la formulation des exigences à l'endroit des candidats à la création d'une *free school*, puisque ceux-ci sont aujourd'hui tenus de montrer que leur projet d'école est une réponse à un besoin avéré de places supplémentaires pour les élèves ; ils sont aussi soumis à l'obligation de présenter des objectifs ambitieux, et de fournir le détail des moyens qu'ils comptent mettre en œuvre pour y parvenir.

Dans la mesure où les *free schools* pouvaient recruter librement leurs professeurs, la question de la qualification des enseignants devint vite un enjeu majeur pour leur réputation. Quelques cas de professeurs sans QTS *(qualified teacher status)*, autrement dit sans certification ni licence d'enseignement, défrayèrent la chronique, en dépit des explications des écoles concernées qui prétextaient avoir choisi des enseignants au parcours non standard dans le but de favoriser l'innovation pédagogique. Pour finir, l'incompétence de ces enseignants fut si fortement dénoncée par les députés travaillistes que des dispositions furent prises pour que les *free schools* soient obligées de justifier que leurs enseignants avaient toutes les qualifications requises.

La leçon générale de ces bilans est que si l'existence des *free schools* n'a pas eu pour effet d'améliorer de façon spectaculaire l'ensemble du système scolaire, en revanche, certaines *free schools*, surtout celles établies dans les quartiers les plus défavorisés et habités par des minorités avec des exigences élevées pour l'éducation de leurs enfants, avaient des résultats impressionnants. Ces réussites partielles ne sont pourtant pas parvenues à changer la donne, du moins à l'échelle globale : le milieu social et culturel d'origine (même dans des quartiers avec une forte présence de communautés) reste le meilleur prédicteur du succès scolaire. Le rapport PISA 2018 indique toutefois que les élèves du Royaume-Uni ont de meilleures performances en lecture que les élèves français et qu'elles sont nettement moins corrélées à leur origine sociale.

L'importance des réseaux d'écoles

Le fait que les *free schools* étaient en principe indépendantes des autorités locales rendait plus facile pour les organisations qui les géraient, de statut privé ou non lucratif, la création de plusieurs écoles dans des quartiers différents mais sous une même marque. À partir d'une stratégie et d'une pédagogie innovante, il devenait intéressant pour elles d'établir un réseau d'écoles. C'est ainsi que se constituèrent des *new schools networks*, avec de plus en plus d'écoles regroupées sous un nombre de plus en plus restreint d'entités *non profit*, ces dernières ayant souvent des liens avec des entreprises[82]. Le phénomène est comparable à ce qui s'est produit avec les *charter schools*, mais les réseaux de *free schools* en Angleterre étaient parfois de taille considérable (c'est le cas de la *Harris Federation*, qui regroupe une cinquantaine d'écoles, ou encore de la *Ark Charity*)[83].

Une association caritative indépendante, the *New Shools Network*, créée en 2009 et dirigée par Rachel Wolf, a également joué un rôle important auprès des *free schools*. Son but était de contribuer à l'amélioration de l'éducation, surtout pour les plus désavantagés, en prodiguant conseils, études spécifiques, expertise générale, contacts, en organisant des événements, en rédigeant des fiches pratiques mises à disposition des écoles publiques qui bénéficiaient d'une forte autonomie, surtout les *academies* et les *free schools*. Son activisme fut l'un des facteurs qui favorisa la création d'écoles innovantes et indépendantes dans le secteur public. Le rôle positif de cette association qui se présentait comme indépendante fut toutefois en partie discrédité par la mise en évidence de la proximité de sa fondatrice avec le pouvoir politique conservateur[84].

En conclusion, la réforme des *free schools*, et plus généralement celle d'une autonomie scolaire assez radicale mise en place au sein de l'éducation publique anglaise, fut très rapide dans sa réalisation. Elle était destinée à mettre en valeur l'efficacité de l'initiative privée en matière d'éducation ainsi que la capacité de la société civile de contribuer à l'action publique en favorisant l'implication de toutes les parties prenantes. Les *free schools* ont renforcé la variété des choix éducatifs, surtout pour les parents qui n'auraient pas pu payer une école privée, elles ont encouragé l'émulation et permis la réussite d'enfants désavantagés (issus en particulier de communautés où les parents étaient diplômés). En ce sens, elles ont apporté une réponse adaptée à des défaillances avérées du système scolaire.

Les différentes expériences d'autonomie scolaire que je viens de décrire permettent de mieux comprendre pourquoi les détracteurs de l'autonomie pour les établissements publics peuvent si aisément la caricaturer en en faisant l'équivalent de l'abandon des responsabilités de l'État à l'initiative privée. Les risques que porte la création d'écoles publiques autonomes sont bien réels. Et l'autonomie exige une grande vigilance sur plusieurs points qui se dégagent nettement des initiatives menées en Suède, aux États-Unis et en Angleterre. Ceux qui en France lanceront une réforme d'autonomie scolaire devront y prêter la plus grande attention.

5.

Pour l'autonomie des écoles publiques françaises

Dans l'ouvrage qu'il publia en 1922, *Éducation et sociologie*, Émile Durkheim affirmait : « L'éducation est une fonction essentiellement sociale, l'État ne peut s'en désintéresser (...). Ce n'est pas à dire pour cela qu'il doive nécessairement monopoliser l'enseignement (...). On peut croire que les progrès scolaires sont plus faciles et plus prompts là où une certaine marge est laissée aux initiatives individuelles ; car l'individu est plus volontiers novateur que l'État[1]. »

Dès les premières lignes de ce texte, je rappelais que les exigences qui définissent l'autonomie scolaire étaient au cœur de l'école telle que la concevaient les libéraux qui fondèrent le régime républicain français : « initiatives individuelles », « engagement des responsables et enseignants », « pouvoir des chefs d'établissement », « esprit de collégialité et de proximité ». Il y a plus d'un siècle, les principes de liberté pédagogique et d'autonomie étaient vus comme la condition d'une école ambitieuse et la meilleure façon de mettre en œuvre la promesse républicaine en matière d'éducation. Revendiquer aujourd'hui l'autonomie des établissements scolaires, c'est renouer avec cet héritage et rompre avec les aspects centralistes, plus napoléoniens que républicains, qui s'y sont greffés depuis, surtout à partir de la massification du système scolaire dans les années 1960.

J'ai mentionné à maintes reprises dans cet ouvrage les raisons qui conduisirent plusieurs pays à établir, au sein même du système public, un nouveau type d'établissements autonomes dans leur gestion et leurs stratégies pédagogiques ; parmi elles, l'une au moins peut avoir un fort écho en France : l'autonomie comme un moyen de remédier à l'échec scolaire des enfants issus de milieux défavorisés. J'ai rappelé aussi les réticences souvent exprimées dans notre pays à l'égard de l'autonomie : difficulté à accepter que les objectifs et principes de l'éducation puissent être définis à la fois par l'État et par la société, méfiance à l'égard des préférences des familles, suspicion à l'égard des acteurs issus de la société pour l'exécution des missions publiques et, surtout, conviction que la différenciation des pratiques pédagogiques porte un risque de fragmentation et d'inégalité. L'égalité de traitement ainsi que le refus des privilèges et discriminations, qui sont les valeurs clés d'un programme républicain, semblent justifier, dans l'opinion commune, l'obligation d'une uniformité de traitement. En matière scolaire, cette présomption va bien au-delà de l'exigence légitime de maintenir des programmes communs à tous pour l'ensemble d'un cycle, puisqu'elle conduit parfois à exiger des enseignants (même dans les écoles primaires) qu'ils fassent la classe de la même façon et dans les mêmes conditions pour tous les élèves, dans une école élémentaire de la rue Madame dans le VIe arrondissement de Paris, dans une école de la ville de Tulle en Corrèze ou dans l'école élémentaire Jacques Prévert de Garges-lès-Gonesse.

Dans un tel contexte, l'idée d'élaborer des méthodes pédagogiques en prenant en compte les « habitudes locales » et selon « les besoins des différents établissements », comme disait Léon Bourgeois en 1902[2], dans le but d'atteindre des objectifs de formation ambitieux, est difficile à mettre en œuvre dans les faits, même si plusieurs lois semblent en avoir reconnu la nécessité. Et pourtant, les données et analyses proposées dans le corps de cet ouvrage permettent d'établir que l'autonomie en matière de pédagogie et de gestion des ressources humaines est un facteur favorable à la réussite scolaire des enfants, surtout ceux issus des milieux défavorisés. Dès lors, la question décisive devient celle de savoir comment l'idée d'autonomie pourrait être intégrée dans le système scolaire français.

Quelles leçons retenir de ce qui se fait ailleurs ?

L'autonomie n'est pas une solution miracle. Elle exige une grande vigilance sur plusieurs points bien identifiés, comme l'a montré l'exposé détaillé des exemple suédois, américain et anglais. Du reste, les fortes réticences exprimées en France au sein de la sphère publique et par de nombreux enseignants à l'égard de l'autonomie scolaire se rapportent à des difficultés réelles, elles sont aussi très comparables à celles qui avaient été formulées en Suède, aux États-Unis et en Angleterre. Elles ont trait, entre autres, au rôle que jouerait l'État, au partage des responsabilités entre directeur et enseignants à l'intérieur de l'établissement scolaire et aux risques d'inégalité. Sur ce dernier point, en effet, n'est-il pas légitime de redouter les conséquences que produirait l'existence d'une diversité de type d'établissements au sein même de l'éducation publique, avec l'inévitable émulation qui en résulterait : une fragmentation dans les objectifs d'éducation et une disparité accrue dans les résultats, autrement dit le renoncement à l'idéal d'universalité selon lequel tous les enfants recevraient la même éducation ?

En réponse à cette méfiance de départ, il est nécessaire de définir précisément quel type d'autonomie on souhaite pour les établissements scolaires français afin de mesurer les risques qui y sont attachés et d'éviter les erreurs qui ont fait que les écoles libres dans d'autres pays sont parfois restées en deçà de leurs ambitions initiales. Lucidité, pragmatisme et absence de dogmatisme doivent prévaloir avant de s'engager dans ce genre de réformes.

Le partage des responsabilités entre l'échelon local et le niveau national

La création d'écoles libres publiques a le plus souvent mis un terme à une forte décentralisation ou municipalisation de l'éducation. En accordant l'autonomie à ces nouveaux établissements, l'État a paradoxalement repris la main par rapport aux autorités locales, puisque c'était principalement avec l'État qu'étaient négociés les engagements des établissements autonomes (on a même parlé, en Angleterre par exemple, d'une « nationalisation de l'éducation »). Une telle évolution a conduit le plus souvent à une redéfinition des rôles respectifs de l'État, de l'administration centrale[3], des régions et des communes, en particulier pour ce qui avait trait à l'agrément donné à l'établissement, l'évaluation des élèves et des professeurs, le contrôle exercé par l'État sur la formation des enseignants et la certification qui leur était décernée.

Si une réforme d'autonomie devait voir le jour en France, les responsabilités respectives de l'État, de l'administration centrale, des communes et collectivités territoriales devraient de la même façon être examinées de près, en particulier pour le statut des écoles primaires (qui aujourd'hui ne sont pas des

« établissements publics » et sont pilotées conjointement par l'État et les communes)[4], mais aussi pour la gestion des lycées et collèges (assumée en partie par l'État et les collectivités territoriales), et éventuellement pour la formation des professeurs ainsi que leur affectation (aujourd'hui pilotées pour l'essentiel à l'échelle nationale).

L'autonomie au sein du système scolaire public n'a pas pour conséquence que l'État soit dessaisi de ses responsabilités, il est important de le souligner. Il incombe toujours à l'État d'établir le cadre juridique dans lequel s'exercent les activités d'éducation, de fournir un investissement adapté, y compris pour la qualité des infrastructures, mais aussi de garantir le haut niveau de formation des personnels (enseignants et directeurs), de donner son agrément au projet de chaque école et d'assumer pleinement sa fonction de contrôle et de sanction en cas d'échec. L'autonomie scolaire ne se réduit pas à la liberté laissée à l'établissement, elle a aussi trait à la détermination de l'État de s'assurer que les engagements pris par l'établissement autonome, qu'il a reconnus et agréés, sont effectivement tenus et que, s'ils ne le sont pas, des mesures adaptées seront prises.

Quels responsables ? Quelle légitimité ?

Un autre élément décisif pour le succès d'une réforme d'autonomie a trait au rôle des responsables d'un établissement autonome et à leur légitimité. S'agit-il seulement du directeur d'établissement ou d'une équipe formée du directeur et des enseignants ? Dans plusieurs des expériences qui ont été rappelées, les écoles étaient gérées par des associations de parents ou de professeurs, voire des professionnels recrutés sur appel d'offres. Dans chacun de ces cas, la légitimité dont ces responsables pouvaient se prévaloir était différente.

Pareilles questions sont en France particulièrement délicates, dans la mesure où la gestion nationale de l'enseignement public définit, au sein de chaque établissement, la place de chacun et ses fonctions, gommant par là la part de la décision humaine dans la définition des tâches qui incombent à chaque personnel, ce qui réduit les risques que ne soient perçues comme discrétionnaires ou arbitraires des décisions qui seraient prises par le chef d'établissement. Mais la contrepartie en est que, dans le cadre d'un tel pilotage de l'État, l'autonomie est peu praticable, faute de possibilités d'adaptation en temps réel. Aborder de front cette question et y apporter une réponse claire est un des facteurs clés de la réussite de l'autonomie scolaire.

De plus, si le directeur de l'établissement en est bien le responsable juridique et administratif, il reste que le projet d'établissement, quant à lui, devrait être élaboré en concertation avec les enseignants qui auraient la mission de le mettre en œuvre. La responsabilité du projet étant de ce fait partagée, les enseignants les plus engagés seraient justifiés à se réclamer d'une réelle légitimité dans leurs actions aussi bien face à leur directeur qu'à leurs collègues. C'est là un point sensible alors que la méfiance que l'autonomie scolaire suscite en France chez les enseignants est largement liée au type nouveau de relations qui s'établiraient avec la direction de l'établissement ; il doit donc faire l'objet d'une grande vigilance.

Autonomes, jusqu'à quel point ?

Une troisième question porte sur l'étendue de l'autonomie laissée aux établissements et sur la portée des règles générales qui s'appliqueraient à eux. S'il incombe à l'État de définir les objectifs généraux de la formation et un *curriculum* national que tous les enfants doivent avoir suivi, rien dans l'exigence d'égalité de traitement n'empêche en principe que certains établissements choisissent d'ajouter d'autres matières, voire des buts de formation supplémentaires, à condition qu'ils restent dans le cadre laïc des lois et règlements existants[5]. Pour autant, quel degré de différenciation accepter entre une variété d'écoles autonomes sans pour autant porter atteinte à la réalité d'une éducation nationale[6] ?

Quel rôle pour les acteurs privés, non profit *et* for profit *?*

L'entrée de gestionnaires privés dans la gestion de l'éducation publique a joué un rôle majeur dans la création des *free schools* en Suède et en Angleterre. Une telle possibilité n'est pas envisageable aujourd'hui en France, mais les questions qu'elle suscite ont un intérêt, du moins pour ce qui concerne le secteur philanthropique et les activités et ressources périscolaires. Une école publique autonome française pourrait-elle prendre pour partenaires des associations et fondations, éventuellement des fondations d'entreprises afin, par exemple, de venir en aide aux élèves les plus démunis ? Il est intéressant d'observer dans les exemples étrangers qui ont été présentés que la participation de ces acteurs a été d'emblée considérée comme justifiée, même si elle est allée dans certains cas bien au-delà de ce qui avait été envisagé au départ et qu'elle a entraîné, surtout en Suède[7], des conséquences néfastes. Le rappel de cette expérience malheureuse ne peut suffire à clore la question des liens avec les entités privées.

Dans ce qui suit, je défendrai pour les écoles publiques françaises l'introduction d'une large autonomie dans le domaine de la pédagogie et de la gestion. En revanche, il ne peut être question à l'heure actuelle d'une autonomie financière ou de statut. En effet, même si je plaide dans cet ouvrage pour l'octroi de marges de manœuvre étendues en matière de partenariat et d'ouverture vers la société civile, l'intervention dans l'école d'acteurs privés *for profit* est aujourd'hui hors de question. C'est pourquoi les effets positifs de l'autonomie scolaire peuvent se déployer sans qu'il y ait lieu de changer radicalement le statut des établissements ou leurs modes de financement.

Des conditions de réussite et des difficultés bien documentées

Une autonomie expérimentale, volontaire et mise en œuvre de façon variable, objet d'un vaste débat

De nombreuses raisons recommanderaient de mettre en œuvre l'autonomie scolaire de façon expérimentale et progressive. Cela permettrait en effet de mieux cerner l'impact des différents facteurs de réussite ou d'échec de cette mesure, en complément des informations déjà disponibles sur les méthodes ou pratiques qui marchent et qui ne marchent pas. Ainsi, chaque établissement autonome serait comme un dispositif d'observation, un laboratoire en miniature, permettant de mettre au point les bonnes pratiques en matière d'autonomie[8].

Par ailleurs, dans la mesure où les établissements autonomes seraient fondés sur un contrat engageant leurs responsables et enseignants, ils ne pourraient être établis que sur la base du volontariat. Cela n'empêche pas que la puissance publique puisse inciter à leur création, en particulier dans des territoires défavorisés avec la présence d'importantes communautés, ou encore s'il s'agit d'écoles rurales, puisque ce sont deux cas caractéristiques où la prise en compte des spécificités de l'environnement paraît nécessaire à la réussite scolaire[9]. Enfin, une réforme de cette portée ne pourrait être proposée sans que le grand public soit pleinement informé de ses enjeux, des conditions dans lesquelles elle est menée et des effets qui en sont attendus. Car ce qui est en jeu avec l'autonomie des établissements, à savoir une tentative crédible pour restaurer la mobilité sociale et donner des atouts d'avenir aux jeunes les plus défavorisés, ne peut être ignoré de l'ensemble de nos concitoyens.

Trois éléments sont constitutifs de l'autonomie scolaire pour laquelle je plaide : le contrat, l'autonomie pédagogique et l'autonomie de gestion, cette dernière incluant la gestion des ressources humaines. Je les présenterai en détail ci-dessous.

L'établissement public autonome, l'engagement sur un contrat

Le contrat d'un établissement autonome, qu'on pourrait appeler aussi sa charte[10], est son texte fondateur, sa constitution interne, il lui donne son identité. Il joue un rôle majeur dans les expériences que j'ai décrites plus haut, surtout pour les *charter schools* américaines ou les *free schools* anglaises. De plus, un tel contrat présente tous les éléments qui justifient la prétention d'une école à être autonome. C'est pourquoi il doit être ambitieux dans ses objectifs et définir une stratégie réaliste pour les atteindre. Aussi grande que soit la diversité des formes qu'il peut prendre, il doit surtout se faire un défi de donner de solides chances de réussite à tous les enfants, en garantissant pour chacun le meilleur niveau de formation, quel que soit son milieu d'origine.

Le contrat d'une école autonome est conclu avec l'État et les collectivités territoriales dont l'école dépend, ces dernières jouant dans notre pays un rôle important en matière d'éducation, puisqu'à l'occasion de la deuxième loi de décentralisation du 13 août 2004 leur furent transférés la propriété des immeubles, l'accueil, la restauration, l'hébergement et l'entretien général et technique des établissements, ainsi que le recrutement et la gestion des agents chargés de ces missions. Cette loi clarifia également les rôles des collectivités dans la politique numérique.

Les auteurs du contrat sont responsables de sa conception et de sa rédaction : ce sont au premier chef le directeur de l'école et l'équipe enseignante formée autour de lui. Ils sont collectivement responsables de la stratégie d'un établissement autonome, qui repose donc sur leur engagement.

Le contrat formule d'abord les objectifs d'ensemble que se donne l'établissement. Ces derniers ont trait aux performances et résultats des élèves qui vont rendre possible la poursuite de leur scolarité. Ils doivent être par principe ambitieux, en particulier dans des territoires socialement défavorisés. Figurerait par exemple au nombre de tels objectifs un ensemble d'engagements relatifs à la mission de l'école de faire en sorte que les connaissances soient réellement acquises, quitte à prévoir éventuellement des compléments d'enseignement qui pourraient être dispensés dans le cadre de travaux dirigés dont l'établissement aurait l'initiative ; l'établissement autonome doit donc pouvoir augmenter les temps d'enseignement consacrés aux mathématiques et au français, s'il le juge bon[11].

Ensuite, un point important est la volonté de prendre en compte les particularités d'un établissement et de son environnement, puisque c'est l'une des raisons majeures de revendiquer une plus grande autonomie. C'est pourquoi le contrat d'un établissement autonome doit être fondé sur des données précises relatives à son environnement social, économique, culturel, voire linguistique. Une aide financière pourra être octroyée aux établissements lancés dans ce type de démarche, afin qu'ils puissent bénéficier de l'expertise de chercheurs chargés de recueillir de telles données et de les analyser, mais aussi de fournir des éléments de comparaison avec des initiatives comparables. Par ailleurs, les éventuelles lacunes ou défaillances des élèves doivent également être décrites et analysées, qu'elles soient liées au contexte social, aux méthodes jusque-là mises en œuvre dans l'établissement ou encore au peu de vigilance accordé au fait que l'élève assimile ce qu'on lui enseigne.

Le contrat doit surtout expliquer de quelle façon la prise en compte des spécificités du terrain justifie la mise en œuvre de stratégies éducatives propres, en s'efforçant de montrer pourquoi celles-ci seraient bénéfiques et sur quels points. Ce souci du particulier est la façon la plus concrète de prouver que le choix de méthodes pédagogiques différentes ou originales permettrait de mieux atteindre les objectifs que se donne l'établissement. Pour les parties les plus techniques de la rédaction, les responsables du contrat se feraient éventuellement aider par des équipes pédagogiques déjà engagées dans une expérience de même type, éventuellement des entités *non profit*, comme ce fut le cas en Angleterre avec le *New School Network*, ou encore avec les associations *What Works Centers (WWC)* qui apportent une aide technique fondée sur des études de terrain dans le but d'établir l'efficacité des moyens proposés et d'étudier leur impact[12]. Toutefois, pareille analyse de terrain doit être conduite en tenant compte des besoins éducatifs particuliers, et non pour proposer une éducation au rabais. Dans tous les cas, le souci de répondre aux spécificités du contexte est un défi, et non pas une excuse pour la baisse des exigences, surtout lorsque l'établissement est implanté dans un environnement défavorisé.

Enfin, le contrat d'un établissement autonome devrait proposer des indicateurs et des éléments d'auto-évaluation qui permettraient d'apprécier si ses objectifs ont été atteints et si les différents domaines sur lesquels il s'est engagé à rendre des comptes ont été couverts. Il devra en particulier préciser de quelle façon les élèves seront évalués : selon quels critères, à quel moment et par qui. L'engagement des responsables du contrat est d'atteindre leurs objectifs, si possible avec une clause reprenant l'esprit de la clause *no excuses*, mentionnée dans les contrats de certaines *charter schools* américaines, à savoir le refus que les caractéristiques du contexte puissent justifier que les objectifs ne soient pas atteints[13].

Dans la mesure où la revendication de l'autonomie scolaire exprime la volonté de donner une identité éducative à l'établissement, le contrat peut mettre en avant un style et des valeurs propres. Les principes de la discipline interne doivent y être explicitement mentionnés : à titre d'exemple, le port d'un uniforme ou l'interdiction de certains types de vêtements pour des questions de décence, une telle possibilité n'autorisant aucunement à déroger aux dispositions de la loi sur le port des signes religieux au sein des établissements scolaires publics. Surtout, les règles qui découleraient de ce code de discipline devraient être connues des élèves et de leurs parents, engagés à les respecter. De la même façon, un établissement autonome pourrait proposer des visites ou expériences liées à la vie économique, à l'art, au patrimoine ou à l'engagement sociétal.

Le contrat d'un établissement a une portée qui dépasse la stricte communauté éducative. Il implique les acteurs concernés par l'école, ou parties prenantes *(stakeholders)* qui sont autant de partenaires, qu'il s'agisse d'associations, d'ONG, de fondations, de bénévoles motivés, qui peuvent souhaiter faciliter la réalisation de ses projets. Dans les exemples d'autonomie scolaire que j'ai présentés, en Suède, au Royaume-Uni, aux États-Unis, la création d'écoles libres a ouvert la porte à ce genre d'acteurs : pour satisfaire des besoins de financement, d'expertise ou de partenariats avec la société civile, il avait été en effet décidé de laisser un rôle aux structures privées. Il fut dans l'ensemble positif, même si, en Suède, leur intervention a été à l'origine de dérives inquiétantes. C'est pourquoi la définition de la place qui serait laissée aux acteurs privés *non profit* doit être traitée de façon précise dans la charte fondatrice d'un établissement autonome.

Partagé au sein de l'établissement, le contrat d'un établissement autonome devrait être rendu public, en particulier dans l'environnement immédiat de l'établissement, mais aussi au-delà, d'autant plus qu'un tel contrat ne peut pas être un contrat passe-partout. Lié à la situation locale, il développe un « narratif », défend une stratégie éducative qui fait son identité.

Le cas des écoles primaires

Les écoles primaires, ou établissements scolaires du premier degré, ne disposent pas en France du statut d'établissement public d'enseignement local (EPEL), étant de ce fait la seule structure de l'Éducation nationale dépourvue de statut juridique. Placées sous la double tutelle du maire et de l'inspecteur académique – directeur académique des services de l'Éducation nationale (IA-Dasen) –, les décisions pédagogiques les concernant sont parfois prises à l'échelle du rectorat, sans véritable contact avec l'établissement ou avec la personne chargée de leur mise en œuvre, en dépit de l'engagement des équipes des directions, des services départementaux (surtout les inspecteurs de circonscription), qui essaient de mieux connaître les écoles. D'où la grande uniformité qui caractérise la gestion des écoles du premier degré : les décisions prises par le responsable administratif tendent à être identiques d'une école à l'autre et s'appliquent sans laisser de réelles marges d'initiative.

De plus, les éventuelles oppositions politiques entre les deux tutelles (maires et recteur) d'une école peuvent parfois empêcher tout développement, voire créer de graves dysfonctionnements. À titre d'exemple, la décision d'ouverture ou de fermeture d'une classe au sein d'une école, et donc d'ajouter ou de retirer un poste d'enseignant, relève aujourd'hui du directeur académique des services de l'Éducation nationale, sans que l'avis du maire, du conseil municipal ou des responsables de l'école soient requis (dès lors que ces fermetures et ouvertures n'entraînent pas la création ni la suppression d'une école, cas où la décision est partagée avec le conseil municipal)[14]. On imagine aisément les blocages qui peuvent se produire lorsqu'une décision de fermeture est « refusée » par le maire de la commune, surtout en milieu rural[15].

Enfin, l'absence de statut propre aux écoles rend assez opaque leur gouvernance. Faute d'un statut spécifique du directeur d'école, la fonction de ce dernier reste assez illisible : elle ne se limite pas à un travail administratif et inclut de fait la responsabilité d'un chef d'établissement, mais sans les moyens légaux ou matériels de l'exercer, même si le chef d'établissement bénéficie d'un temps de décharge d'enseignement, d'une aide administrative et d'une indemnité de fonction. Son autorité fonctionnelle (pour le primaire) a été reconnue par un vote au Sénat du 21 octobre 2021, elle porte sur l'encadrement, la répartition des tâches et l'organisation du travail des personnels, mais n'instaure pas à proprement parler d'autorité hiérarchique.

La situation des écoles primaires fait voir combien une réforme visant à leur accorder davantage d'autonomie changerait leur mode de fonctionnement. Pour autant, les objections souvent mentionnées à propos d'une telle possibilité paraissent surmontables, les écoles primaires autonomes pouvant fonctionner selon les mêmes principes que les autres établissements, comme c'est le cas en Suède, aux États-Unis et en Angleterre.

Promouvoir l'autonomie des écoles primaires supposerait d'abord qu'un statut propre leur soit accordé, celui d'un « établissement du premier degré », afin de leur donner une « existence juridique à part entière », condition *sine qua non* pour les rendre aptes à conclure un contrat d'établissement avec l'État et la commune, contrat dont elles seraient responsables et qui les engagerait[16]. La tâche du législateur serait de définir quel statut accorder aux écoles afin de permettre à celles qui le souhaiteraient de se gouverner de façon autonome. Toutefois, il est utile de préciser que ce statut ne recouvrirait pas celui d'établissement public d'enseignement primaire (EPEP), qui avait été créé en août 2004, à titre expérimental en France, dans le cadre de la loi relative aux libertés et responsabilités locales, pour une durée de cinq ans[17], un tel statut étant complètement déconnecté de toute ambition d'autonomie. Il a du reste suscité de vives réactions, dans l'ensemble très négatives, de l'Association des maires de France, des syndicats d'enseignants et des associations de parents d'élèves, qui lui reprochaient de viser à remplacer les écoles de taille humaine et de proximité par de grands établissements impersonnels avec pour les élèves un environnement déshumanisé et des temps de transport augmentés, dans le seul but de réduire les coûts.

En conclusion, un statut pour les établissements publics du premier degré leur permettrait d'être mieux adaptés « aux modes de fonctionnement et aux besoins de proximité des personnels » ; directeur et enseignants seraient responsables des décisions qui ont trait au fonctionnement de leur école, du fait de la proximité entre décision et lieu d'application, ils seraient aussi plus réactifs. Ce statut donnerait également au directeur la capacité d'assurer avec une pleine légitimité ses missions administratives et éducatives, les prises de décision étant mieux comprises par les personnels, mais aussi par les familles, avec de surcroît une forte incitation à constituer une équipe pédagogique pérenne. Les écoles qui le jugeraient utile pourraient se doter d'un conseil d'administration réunissant enseignants, parents et collectivités locales, afin de prendre des décisions de façon concertée et de s'adapter rapidement à une situation nouvelle.

Le point décisif : l'autonomie pédagogique

L'autonomie pédagogique est le parent pauvre de l'éducation en France, même si elle est aujourd'hui mieux reconnue qu'elle ne l'était il y a quelques décennies dans les écoles publiques. Toutefois, en raison des règlements relatifs à la répartition des horaires et à l'organisation des classes, les professeurs ne peuvent en France ni modifier la répartition de leurs heures de cours, ni disposer leur classe comme ils l'entendent (en la divisant en deux ou en la regroupant avec une autre classe pour certaines activités), ni même adapter les programmes et les méthodes d'enseignement. Par contraste, dans un établissement disposant d'une réelle autonomie pédagogique, les enseignants seraient pleinement responsables du choix de leurs manuels, de la composition de leurs classes, du mode de suivi de leurs élèves, des supports graphiques et visuels qu'ils utiliseraient et des éventuelles adaptations du *curriculum*.

L'autonomie pédagogique est la revendication majeure d'un établissement autonome à contrat. Elle donne la possibilité d'en finir avec des consignes pédagogiques définies loin des particularités du terrain. Pour autant, aussi libres que soient les stratégies pédagogiques, elles doivent satisfaire à des normes très générales fondées sur la progressivité des apprentissages et garantir que les enfants ont véritablement assimilé, et sont donc capables d'utiliser avec aisance, ce qu'ils ont appris. Surtout, les principes et les règles enseignés doivent être débarrassés de tout jargon et être immédiatement accessibles pour eux et pour les adultes qui souhaiteraient les aider.

L'autonomie pédagogique a trait d'abord aux rythmes scolaires. Une école autonome doit pouvoir augmenter le temps d'enseignement jusqu'à 32 heures hebdomadaires si elle le juge nécessaire (en prévoyant un aménagement des heures de classe afin de permettre aux enfants de faire leurs devoirs à l'école). Elle doit pouvoir gérer comme elle le souhaite, et en le justifiant, son enveloppe horaire en répartissant le temps scolaire entre apprentissages et tutorat. Elle doit pouvoir aussi varier la répartition des horaires entre enseignements fondamentaux et enseignements d'approfondissement.

Une école autonome module aussi comme elle le juge bon les rythmes d'apprentissage, d'abord dans l'élaboration de la grille de cours. La progression par cycle ou par niveaux doit également bénéficier d'une grande souplesse. Une école autonome peut décider de vérifier les acquis des élèves sur un cycle de deux ans et proposer aux élèves qui n'auraient pas des résultats satisfaisants à la fin du cycle une remise à niveau soit avec des enseignements complémentaires soit avec des modalités de suivi particulières.

Un autre domaine important où s'exerce l'autonomie pédagogique porte sur l'organisation de la classe et la composition des groupes de classe. Dans un établissement autonome, le professeur peut juger bon de réduire la taille de la classe, de la dédoubler, voire d'organiser des petits groupes pour certains apprentissages ou des groupes plus importants pour d'autres. Il peut aussi dispenser certains enseignements fondamentaux avec un ou une collègue, afin que l'un des deux enseignants au moins puisse s'assurer en temps réel qu'aucun élève ne décroche. La possibilité de modifier à la marge le *curriculum*, que vantait déjà Ferdinand Buisson, doit être également acquise, sans remettre pour autant en cause les buts d'enseignement définis par la puissance publique : ajouter par exemple l'enseignement de disciplines artistiques, un apprentissage linguistique, une expérience pré-professionnelle, etc.

Le contrat doit enfin présenter une description détaillée des méthodes d'évaluation que l'établissement utilisera dans le cadre de l'autonomie pédagogique, en particulier pour ce qui concerne le contrôle de ce que les élèves ont compris ou retenu, autrement dit de leur assimilation des connaissances en temps réel. C'est un enjeu décisif, le moyen pour l'établissement d'identifier très tôt le décrochage des élèves les plus faibles, et donc de se donner la possibilité de mettre en place un suivi personnalisé. À ce titre, les modes d'évaluation des élèves (le type de notation, le recours à des courbes de suivi individuel et la vérification des acquis) sont décisifs, à la fois comme outils de pilotage pédagogique (dont il faut tirer les conséquences sur les méthodes d'enseignement employées) et comme éléments de suivi individuel et d'évaluation globale de l'établissement. Les critères d'évaluation retenus, les moments où les élèves seront évalués et le rythme auquel ils le seront constituent des éléments clés.

L'autonomie de gestion

L'autonomie scolaire a souvent pour condition l'autonomie de gestion, en matière budgétaire et de ressources humaines. La manière dont le budget est organisé, l'allocation des moyens, l'environnement administratif et matériel proposé aux enseignants (espace de travail et matériel informatique) ont un effet majeur sur la mise en œuvre d'une stratégie éducative. À titre d'exemple, l'établissement autonome peut décider de prévoir une aide exceptionnelle pour certains élèves, afin de mettre en place des cours après la classe, voire de financer en partie ou en totalité des lieux de séjour à proximité pour les élèves qui ne peuvent pas vivre chez eux. Par ailleurs, l'établissement doit aussi pouvoir disposer d'une enveloppe horaire globale, lui permettant par exemple d'organiser des stages ou des enseignements complémentaires.

L'autre point sur lequel l'autonomie est décisive concerne la gestion des ressources humaines. La réussite de l'autonomie scolaire a pour condition une équipe engagée et solide. Or l'engagement sur un contrat semble peu compatible avec le fait qu'un enseignant soit affecté dans un établissement sans motivation particulière de sa part et sans que l'équipe pédagogique déjà en place ait pu donner son avis. Cette dernière doit donc pouvoir intervenir dans le recrutement, et la personne recrutée manifester son intérêt à l'égard du contrat ainsi que sa volonté de s'y engager. Jusqu'où ? Comment ? Voici quelques propositions.

Les responsables de l'établissement et les enseignants devraient avoir la possibilité de donner leur avis sur les recrutements, car c'est le meilleur moyen de renforcer la cohésion de l'équipe pédagogique. Pour ce faire, il leur faut afficher le contrat de l'établissement et préparer des recrutements sur la base de ce contrat. Dans ce qui ressemblerait à un recrutement sur profil, ils pourraient procéder à une audition des candidats afin de s'assurer de leur formation et de leur adéquation au projet collectif. De tels aménagements devraient être ajoutés ou rendus compatibles avec les dispositions nationales qui régissent aujourd'hui l'affectation de professeurs dans le cadre d'une gestion déconcentrée des ressources humaines, ils pourraient être aussi assortis de bonifications d'avancement. Le même principe d'implication de l'équipe pédagogique vaudrait pour le recrutement des contractuels, des assistants d'enseignement, des bénévoles et d'une éventuelle réserve éducative. Des pratiques comparables pourraient aussi valoir pour les professeurs coordonnateurs par discipline et par niveau et pour les professeurs référents thématiques. De manière générale, le travail de coordination et d'animation d'équipe dont seraient chargés certains enseignants devrait être rémunéré, les enseignants pouvant bénéficier de primes en fonction des missions particulières qu'ils assumeraient en plus.

La constitution d'une équipe pédagogique chargée de rédiger la charte de l'établissement et d'en conduire l'exécution pourrait aller de pair avec l'installation d'un conseil pédagogique, comme celui qui existe dans le secondaire. Toutefois la décision de créer un tel conseil doit revenir aux enseignants, car il faut aussi tenir compte du fait qu'une telle instance peut être lourde à gérer alors même qu'il s'agissait à l'origine de rendre l'initiative aux enseignants.

Les rôles respectifs des enseignants et des responsables

La cohésion de l'équipe pédagogique, la qualité de la formation des enseignants et des responsables d'établissement, ainsi que le rôle joué par la puissance publique sont les conditions clés dont dépend le potentiel de transformation de l'autonomie scolaire.

La question de l'autorité dévolue aux directeurs d'école est celle qui suscite les réactions d'hostilité les plus vives chaque fois que l'autonomie est évoquée, et pas seulement dans notre pays. Rappelons qu'en Suède le pouvoir considérable donné aux chefs d'établissement de fixer les salaires des enseignants n'a été que très rarement utilisé par eux.

Le directeur de l'établissement et les enseignants sont responsables ensemble du contrat d'un établissement autonome, leur engagement dans ce projet collectif est donc le fondement de la légitimité qui revient à l'action de chacun. C'est pourquoi il est essentiel de rappeler que, dans un tel cadre, les relations hiérarchiques ou d'autorité doivent être tempérées par la collégialité. Le chef d'établissement est responsable des objectifs et de la conduite de l'établissement, mais aussi responsable d'une ambition partagée que les enseignants portent autant que lui. Il est à la fois le directeur, mais aussi le chef d'une équipe soudée autour d'un projet, un *primus inter pares*.

On ne saurait trop rappeler que les enseignants sont les premiers garants du succès du projet pédagogique des écoles autonomes. Non seulement ils s'occupent des élèves, les notent et façonnent la réputation de l'établissement, mais ils sont aussi les meilleurs connaisseurs du terrain, au fait des capacités et des réactions de leurs élèves et à l'initiative des adaptations nécessaires. Leur contribution à la définition du projet et à sa mise en œuvre est donc décisive et doit être publiquement reconnue.

La formation des directeurs et des enseignants

Les travaux comparatifs menés dans les différents pays que j'ai pris pour exemples, consacrés à la mise en œuvre de l'autonomie scolaire, montrent que la mauvaise formation des enseignants et des certifications douteuses sont régulièrement épinglées comme étant l'une des causes majeures d'échec. D'où l'importance à accorder à la qualité et au caractère adapté de la formation des directeurs et principaux des établissements autonomes.

Dans la mesure où les directeurs seront pour la plupart des enseignants, ils devront recevoir une formation complémentaire (pour améliorer leur capacité de mettre en œuvre un projet et piloter une équipe), en recourant éventuellement aux services d'associations comparables au *What Works Centers (WWC)* britanniques.

Quant à la formation des enseignants, un équilibre est à définir entre les dimensions nationale (requise en matière de contenu de la formation et de certification par les inspecteurs généraux) et régionale, les régions pouvant être éligibles pour mettre en place cette formation avec un niveau d'exigences élevé et une certification rigoureuse.

Surtout, la formation des enseignants ne se limite pas à leur formation initiale. Or les récentes enquêtes de l'OCDE montrent que les enseignants français arrivent bons derniers du Conseil de l'Europe en matière de formation continue[18]. Tandis que, chez la plupart de nos voisins européens, les enseignants sont régulièrement engagés dans la formation continue tout au long de leur carrière, ce n'est pas le cas des enseignants français. C'est regrettable, car la possibilité d'échanger avec d'autres enseignants, d'être évalués et de se familiariser avec des techniques pédagogiques différentes ne peut que renforcer leur compétence.

Le rôle de la puissance publique : les collectivités territoriales, l'administration centrale et l'État

L'État intervient de plusieurs façons dans la mise en place de l'autonomie. S'il est paradoxal de vouloir trop encadrer des acteurs autonomes, il est pourtant nécessaire de déterminer les règles générales qui s'appliquent à eux, l'autonomie s'exerçant sous la supervision de l'État[19]. L'État joue un rôle décisif, d'abord au moment de la validation du contrat de l'établissement, avec l'évaluation de l'engagement des responsables et du caractère réaliste du projet. Il intervient ensuite dans le suivi des établissements : le rythme des contrôles, la définition des instances qui en sont chargées (en phase avec les auto-évaluations conduites par l'établissement), les indicateurs conformes aux règles d'évaluation nationale des établissements scolaires.

À titre de proposition, il serait envisageable qu'à l'occasion d'une réforme introduisant l'autonomie scolaire, la formation (initiale et continue) et l'affectation des professeurs incombent aux régions. Dans ce nouveau cadre, le rôle de l'administration centrale serait de définir le référentiel de programmes communs, la cohérence du *curriculum* et surtout de garantir la qualité de formation des professeurs.

Mais le rôle majeur de l'État est de définir les objectifs de formation communs à tous les élèves, de se prononcer sur les formes d'autonomie compatibles avec l'exigence d'une éducation nationale. En Suède, la création des écoles libres a permis d'enrichir les objectifs communs en fonction de l'environnement culturel et de la situation spécifique de chaque établissement (en introduisant des formations à l'entreprenariat). Jusqu'à quel point ce type d'apport peut-il être accepté en France ? Les critiques de l'autonomie scolaire font souvent état des risques qu'il y a à laisser aux établissements une certaine liberté, surtout en matière d'orientations culturelles ou spirituelles, alors que l'éducation publique en France est nationale et laïque. C'est un risque dont il faut être conscient, afin de veiller à l'équilibre entre une diversité souhaitable de pratiques et de méthodes et l'adhésion à des buts de formation communs.

L'autonomie des établissements scolaires en France : principes et orientations

La mise en œuvre

Expérimentale et progressive
Sur la base du contrat et du volontariat
Après un débat public national

Les principes

Autonomie fondée sur un contrat d'établissement, agréé avec l'État et les collectivités territoriales compétentes.

Un contrat :

– *d'objectifs* donnant les indicateurs de réussite pour les élèves et expliquant en quoi l'autonomie est nécessaire pour atteindre les objectifs souhaités ;

– *de stratégies pédagogiques* (évaluation du parcours des élèves, définition des rythmes scolaires et rythmes d'apprentissage, organisation par niveaux de classe, mélange des âges, regroupement par cycles) ;

– *de moyens pédagogiques* (répartition de l'enveloppe horaire, tutorat, nombre d'élèves par classe, stages ou enseignements et sessions complémentaires) ;

– *de gestion* (libre affectation des ressources à partir d'un budget global et d'une enveloppe horaire) ;

– *de ressources humaines* (définition des missions des enseignants, modalités du recrutement des enseignants et de leur évaluation, utilisation des postes vacants, remplacement des enseignants absents à partir d'une enveloppe horaire globale ; règles définissant l'attribution de l'indemnité de fonction, la rémunération des heures supplémentaires et le montant des primes liées à la mise en œuvre de l'autonomie [aide administrative, coordination de disciplines, animation d'équipe], l'attribution de décharge aux enseignants et les mesures disciplinaires).

Autonomie dans le recrutement des enseignants qui se porteraient candidats après avoir pris connaissance du contrat (comité de recrutement à l'échelle de l'établissement) et possibilité de recourir à des contrats de mission.

Contrôle *a posteriori* par l'État de la mise en œuvre du contrat selon des modalités fixées dans le contrat (rythme, méthodologie et indicateurs).

Publicité du contrat, porté à la connaissance des parents et des élèves.

Autonomie dans l'élaboration d'un règlement intérieur (code de discipline, port de l'uniforme).

Autonomie dans la définition des principes de la participation des parents (signature du contrat, tâches de supervision, bénévolat).

Autonomie dans les relations avec les établissements culturels et les entreprises à proximité (visites, stages, bons de voyage).

Habilitation des écoles primaires avec un statut à définir, leur permettant de s'engager dans ce type de contrat.

Les conditions de réussite

Attention au contexte et à l'environnement socio-économique et culturel.

Confiance dans les responsables pour définir les besoins spécifiques de chaque établissement et utiliser les marges de manœuvre qui leur sont laissées.

Possibilité de bénéficier d'aides expertes :

– chercheurs contribuant à l'analyse et à la connaissance, ainsi qu'à l'adaptation des propositions au terrain, au moment de la rédaction du contrat ;

– associations spécialisées dans la rédaction de contrats d'établissement, précisant les principes de l'autonomie organisationnelle et pédagogique ;

– associations spécialisées dans la formation des responsables d'établissements autonomes.

Qualité de la formation des professeurs et des directeurs d'établissement.

Esprit de collégialité dans l'établissement fondé sur l'engagement et la cohésion de l'équipe responsable du contrat.

Importance du travail d'équipe et de la formation *in situ* avec des experts.

Clarté et transparence des règles pour l'évaluation des enseignants et l'attribution des primes.

Règles claires définissant les relations entre l'État, les collectivités et les administrations centrales.

Sérieux du rôle de contrôle de l'État et de sa capacité de sanctionner.

Les lignes rouges

Pas de révision à la baisse des objectifs de formation du programme national par cycles.

Pas d'orientation religieuse.

Pas de remise en cause des normes et valeurs républicaines.

Pas d'aménagement de l'année scolaire (calendrier national).

Pas de frais de scolarité.

Pas de délégation à des organisations à but lucratif ou non lucratif de la gestion des écoles.

Pas de recrutement sur appels d'offres de gestionnaires privés.

Pas de chèque éducation.

Conclusion

Consentir à l'autonomie des établissements primaires ne fait qu'exprimer la caractéristique de tout engagement libéral : faire confiance aux acteurs sociaux – ici les responsables d'institutions publiques d'éducation –, afin qu'ils mettent en œuvre les stratégies en chaque cas les meilleures en fonction du contexte. Mais il ne s'agit jamais que d'atteindre des objectifs communs à tous, définis par la puissance publique, en concertation avec les spécialistes du domaine.

En abolissant les corporations et distinctions de toutes sortes qui, dans l'Ancien Régime, limitaient l'accès aux professions et donnaient des droits exclusifs à certains membres ou groupes de la société, les conventionnels de la fin du XVIIIe siècle firent en sorte qu'une forme de liberté universelle – ou ensemble de droits inaliénables de l'homme et du citoyen – pût se déployer dans le monde social. L'idée d'une liberté, indifférente par principe aux situations singulières, l'a alors définitivement emporté sur les « libertés particulières », ces libertés propres à l'exercice d'une fonction ou à la détention d'une expertise[1].

Dans notre pays, la puissance publique entre profondément au cœur de la vie sociale. Elle est responsable de l'éducation, largement dépendante de l'État depuis la Révolution, alors que l'éducation a aussi pour mission de former des jeunes femmes et des jeunes hommes qui devront pour la plupart mener leur vie au sein de la société civile, dans le monde social et économique. Une forte présence de la puissance publique dans la société a l'avantage d'y faire valoir des exigences d'égalité et d'impartialité. Mais elle a également l'inconvénient de manquer de réactivité et d'invention dans la définition des solutions aptes à rendre concrètes de telles exigences d'égalité, au regard des transformations de la vie sociale.

Le pari que des établissements autonomes parviendront d'autant mieux à atteindre des objectifs de formation communs qu'une marge de manœuvre importante leur sera laissée en termes de moyens, c'est la conviction d'un libéral. On peut certes adopter le point de vue opposé et considérer que l'autonomie des institutions publiques ne pourra manquer de sécréter privilèges et traitements préférentiels. Sur ce point, ni angélisme ni solutions passe-partout : les risques sont réels, mais peuvent être évités. En revanche, il est probable qu'en l'absence d'autonomie, il sera difficile de faire de notre école publique une école qui garantit la réussite de tous les enfants et les dote d'atouts solides pour conduire leur vie professionnelle et de citoyen[2].

Notes

INTRODUCTION (p. 7-23)

1. Le 26 avril 2018, le ministre de l'Éducation nationale de l'époque, Jean-Michel Blanquer, a publié au *Bulletin officiel* quatre circulaires et adressé aux enseignants de l'école primaire par voie hiérarchique un guide qui détaille la meilleure méthode pour inculquer les bases de calcul, de lecture et de grammaire aux élèves. Ce guide a été rédigé sans consultation approfondie avec les enseignants.
2. Voir p. 30-35.
3. Cette ambition exprimait aussi la volonté de rejeter la tutelle de l'Église; déjà au milieu du XVIIIe siècle, le magistrat Louis René de La Chalotais ainsi que Diderot avaient formulé le principe d'une Éducation nationale et d'une instruction due à tous.
4. La possibilité de ce type de contrat existe déjà depuis la loi d'orientation de 1989, mais il ne s'est transformé en réalité que dans l'éducation prioritaire (cf. la circulaire du 10/07/1998 et son annexe, voir p. 33-34 et 72-75).
5. À terme, la gestion centralisée des enseignants qui prévaut aujourd'hui dans notre Éducation nationale serait aménagée. Les établissements scolaires doivent aujourd'hui élaborer un projet pédagogique, mais

dont la mise en œuvre est contrainte par leur manque d'autonomie. La liberté pédagogique est formellement reconnue aux enseignants, mais elle reste sans véritable réalité. Le Conseil d'État a autorisé pour les établissements du réseau Éclair une certaine souplesse dans le recrutement de leurs enseignants (Cf. p. 33-34). Ces mesures sont positives, mais n'ont qu'une portée limitée tant qu'une autonomie plus globale n'est pas accordée.

6. Forme d'autonomie qui correspondrait à celle des « communautés éducatives renforcées » dont parle la note de France Stratégie : « 2017-2027. Quelle autonomie pour les établissements scolaires ? », décembre 2016.
7. Autrement dit une somme d'argent annuelle, correspondant au montant forfaitaire de la dépense publique pour un élève, montant directement attribué aux familles et qu'elles doivent verser à l'établissement où elles choisissent de scolariser leur enfant, qu'il soit public ou privé. Voir, pour l'analyse détaillée de cette proposition, p. 64-66 et 131-132 (à propos des écoles libres suédoises).
8. À strictement parler, l'école primaire concerne les élèves de la TPS (toute petite section de maternelle) au CM2, l'école maternelle les élèves de la TPS à la GS (grande section), l'école élémentaire les élèves du CP au CM2.
9. Cf. p. 213-216.
10. La loi « pour une école de la confiance » du 26 juillet 2019 institua les établissements publics locaux d'enseignement international pour tenir compte de la spécificité de chaque territoire, association d'établissements (collège et écoles situées dans son secteur de recrutement), dans le but d'améliorer le lien entre le primaire et le collège et de mieux accompagner les élèves dans les apprentissages du socle commun.
11. Monique Canto-Sperber, « L'autonomie des établissements scolaires », GénérationLibre, juillet 2022.

1. Qu'est-ce que l'autonomie et pourquoi en parler ? (p. 25-40)

1. Sur les écoles libres suédoises, voir p. 124 et suiv.
2. Les *charter schools* sont des écoles publiques américaines d'un nouveau type, fondées à partir d'une charte d'engagements qui leur est propre

(elles seraient l'équivalent d'une école publique sous contrat). Elles ont été créées après une loi passée dans l'État du Minnesota en 1991. Elles sont financées par l'État et accueillent les élèves sans exiger de frais de scolarité. La formule fut adoptée avec des modifications par de nombreux États américains. cf. p. 161-166.

3. Pierre Bentata, « Éducation. La France peut mieux », Institut économique Molinari, décembre 2019, p. 26-27.
4. L'acronyme PISA et l'expression « classement PISA » renvoient au Programme international pour le suivi des acquis des élèves. Ce programme consiste en un ensemble d'études menées par l'OCDE parmi les États membres et d'autres États partenaires, dont le but est de mesurer les performances de leurs systèmes éducatifs. La première enquête a été réalisée en 2000 et la dernière en 2018 (publiée en décembre 2019). L'enquête de 2021 n'a pu être réalisée en raison de la pandémie de Covid-19.
5. En 2007, après l'arrivée au pouvoir de Nicolas Sarkozy, une réforme emblématique des universités a été menée tambour battant sous le signe de l'autonomie accordée à la quasi-totalité des établissements publics supérieurs (plus de quatre-vingts universités et une dizaine de grandes écoles), fréquentés par plus de deux millions d'étudiants et des centaines de milliers de fonctionnaires (enseignants-chercheurs et personnels). L'autonomie de gestion, de budget et surtout de politique scientifique que cette réforme accordait aux universités était réelle, mais limitée. En revanche, elle ne leur accordait aucune autonomie juridique.
6. Bernard Hugonnier, « Au milieu du gué : l'autonomie des établissements », *Administration et Éducation*, n° 147, septembre 2015. Direction de l'évaluation, de la prospective et de la performance, *Repères et références statistiques, édition 2021*, juillet 2021, p. 25. Le terme « école primaire » désigne soit le regroupement de l'école maternelle (de la petite à la grande section) et de l'école élémentaire (du CP au CM2), les 2 premiers cycles d'enseignement, le cycle des apprentissages premiers (3 niveaux de la maternelle) et celui des apprentissages fondamentaux (du CP au CE2), soit l'école du CP au CM2. Dans le présent texte, l'expression école primaire se réfère à l'école du CP au CM2. Les écoles primaires représentaient 88,59 % des établissements du premier degré, écoles élémentaires et primaires en 2020.

7. Eurydice *(Information Network on Education in Europe)*, *L'autonomie scolaire en Europe : politiques et mécanismes de mise en œuvre*, Bruxelles, 2007, p. 19. Dans ces pays, les établissements scolaires disposent d'une autonomie complète, dans les limites légales et/ou juridiques, pour l'utilisation de ces budgets. « Aux Pays-Bas, la délégation est formellement possible dans tous les domaines, mais n'est pas forcément effective dans tous. Au Danemark, selon le type de dépenses, les décisions sont soit déléguées (ou non) par les pouvoirs organisateurs, soit prises par les établissements. La délégation s'observe aussi en Finlande, sauf pour les dépenses immobilières qui ne sont pas du ressort de l'établissement scolaire. » Par contraste, à Chypre, aucune autonomie n'est actuellement accordée dans ces deux grands domaines. En matière de ressources financières, l'autonomie la plus répandue est celle accordée dans l'utilisation des budgets publics pour les dépenses de fonctionnement, la collecte de fonds privés *via* des donations et parrainages, la location des locaux et l'utilisation des fonds privés pour acquérir des biens mobiliers. En revanche, les décisions relatives aux dépenses immobilières (utilisation des budgets publics ou sources privées quand cela est possible), le financement *via* des emprunts et l'utilisation des fonds privés pour employer du personnel (quand cela est possible) sont très souvent la prérogative des autorités de tutelle.
8. La gestion du personnel présente aussi des profils contrastés. La fonction de chef d'établissement reste très souvent sous la tutelle des autorités supérieures alors que les décisions liées à la gestion du personnel enseignant (sélection pour le remplacement des enseignants absents, définition des missions et des tâches, mesures disciplinaires) et non enseignant se prennent plus largement au niveau des établissements.
9. Cf. le « Vademecum Éclair » publié par le ministère de l'Éducation nationale en juin 2021. Ce programme définissait un contrat de réussite pour les établissements ainsi mis en réseau ; il pouvait aussi éventuellement associer les intervenants extérieurs. Voir Marc Loison, *Culture, éducation et formation*, Université Charles de Gaulle Lille-III, 2000, qui compare ces dispositions avec les objectifs visés par le gouvernement travailliste de Tony Blair (une façon d'anticiper sur la *Big Society* de David Cameron, cf. p. 183-187 et 178-180). Tandis que les

RRS (réseaux de réussite scolaire) accueillaient un public socialement plus hétérogène. Les collèges et les écoles qui l'alimentaient se structuraient autour d'un projet fédérateur, avec l'objectif d'engager les élèves dans des parcours scolaires ambitieux. Avec la refondation de l'éducation prioritaire en avril 2014, les dispositifs Éclair et RSS sont supprimés. Désormais sont déterminés des REP+ sur la base d'un indice social calculé à partir de quatre paramètres de difficulté sociale : taux de CSP (coefficient socioprofessionnel), taux de boursiers, taux d'élèves résidant en zone sensible, taux d'élèves en retard à l'entrée en 6e.

10. Le programme Éclair se trouve présenté de façon détaillée dans la circulaire « Refondation de l'Éducation prioritaire », publiée le 5 juin 2014.

11. Le collège de Vic-Fezensac compte 254 élèves. Voir « Annuaire de l'éducation », Collège Gabriel Séailles de Vic-Fezensac. Voir aussi Maryline Baumard, « Un collège métamorphosé par l'abandon des notes », *Le Monde*, 14 novembre 2014.

12. Elles représentent 11,41 % des établissements primaires. Voir graphiques et tableaux précédemment cités. Voir Direction de l'évaluation, de la prospective et de la performance, *Repères et références statistiques, édition 2021*, juillet 2021, p. 25.

13. Direction de l'évaluation, de la prospective et de la performance, *Repères et références statistiques, édition 2021*, juillet 2021, p. 25.

14. Cf. la loi n° 2021-1109 du 24 août 2021 contre le séparatisme, dénommée loi confortant le respect des principes de la République, qui modifie les règles applicables aux établissements d'enseignement privé hors contrat en durcissant leurs obligations et les sanctions qui leurs sont applicables. Alors que le contrôle de l'État se limitait jusque-là aux titres exigés des directeurs et des enseignants, à l'obligation scolaire, à l'instruction obligatoire, au respect de l'ordre public, à la prévention sanitaire et sociale et à la protection de l'enfance et de la jeunesse, les établissements doivent désormais communiquer au rectorat « les noms des personnels ainsi que les pièces attestant leur identité, leur âge, leur nationalité et, pour les enseignants, leurs titres ». Un contrôle est également opéré sur le financement de ces écoles obligées de fournir « les documents budgétaires, comptables et financiers qui précisent l'origine, le montant et la nature des ressources de l'établissement ».

15. Direction de l'évaluation, de la prospective et de la performance, *Repères et références statistiques, édition 2021*, juillet 2021, p. 61.
16. https://www.politologue.com/ecoles/statistiques/départements/. Voir à ce propos Jacqueline Sainclivier, *La Bretagne de 1939 à nos jours*, Rennes, Éditions Ouest-France, 1989.
17. Une association *non profit* est une association de gestion désintéressée, qui ne vise pas à enrichir personnellement ses membres, mais elle peut exercer une activité commerciale et produire un bénéfice, qui sert le plus souvent à son développement. Par contraste, une structure *for profit* a pour but de faire des bénéfices et de le distribuer aux sociétaires. Sur la possibilité laissée à des groupes *for profit* d'être candidats à la gestion d'écoles libres publiques suédoises, voir p. 132, 136-139.

2. L'autonomie scolaire : une longue histoire toute en contrastes (p. 41-82)

1. L'Université impériale est créée par les décrets impériaux du 10 mai 1806 et du 17 mars 1808. Ce dernier stipule que l'enseignement public, dans tout l'Empire, est confié exclusivement à l'Université impériale, qui en reçoit le monopole. Toutes les écoles sont concernées, y compris les établissements spécialisés, à l'exception de l'éducation domestique et du préceptorat.
2. Corps d'inspection, direction du ministère et service rectoraux se sont ensuite greffés sur cette organisation pyramidale. Le Premier Empire avait également constitué l'ensemble des enseignants du secondaire et de l'université en un corps d'État. Quoique faisant partie de l'Université impériale, l'enseignement primaire était moins intégré à cette pyramide et restait sous l'influence des autorités locales. L'obligation de scolarisation dans l'enseignement primaire établie par Guizot en juin 1833 fut progressivement reprise en main par l'État quand la formation des instituteurs fut nationalisée. C'est Guizot qui fit de l'école primaire une affaire d'État : il créa le *Manuel général de l'instruction primaire* (1832), ancêtre du *Bulletin officiel*, introduisit l'obligation faite aux communes d'ouvrir une école (1833) et établit le corps des inspecteurs (1835).

3. La refonte du système scolaire au cours de la IIIe République s'amorça à partir des années 1880. Elle est à rattacher à l'action de Jules Ferry, qui fut plusieurs fois ministre de l'Instruction publique et des Beaux-Arts, et à son principal conseiller, Ferdinand Buisson, philosophe et pédagogue. Dès la fin du XIXe siècle, l'école primaire fut, avec les « lois Jules Ferry », rendue laïque (l'enseignement religieux étant remplacé par l'éducation civique et les membres du Clergé étant à partir de 1886 interdits d'enseignement dans le public, sauf en Alsace et en Moselle, annexées au *Reich* allemand), obligatoire (de six à treize ans) et gratuite. Le certificat d'études primaires fut instauré en 1882. Les lycées étaient payants et très peu fréquentés par les enfants issus de milieux modestes. Lycées et collèges publics ne deviendraient gratuits qu'entre 1920 et 1936. Jusque dans les années 1960, les « collèges » qui pouvaient couvrir tout le cycle secondaire étaient financés non par l'État mais par les communes et le département. Le lycée était à l'origine un lycée classique (avec grec et latin obligatoires), jusqu'à la réforme de 1902, qui modifia complètement l'organisation de l'enseignement secondaire (voir *infra*, note 6). Douze lycées avaient été créés par Napoléon en 1802, qui se multiplièrent rapidement. En 1880 furent établis les premiers lycées de jeunes filles (loi Camille Sée), ils étaient déjà au nombre de trente-six en 1896.
4. Jean-Paul Delahaye, « Aux origines de l'autonomie des établissements », in Jean-Paul Delahaye, Gérard Mamou, Vassiliki Driancourt, Annie Tobaty et Pierre-Jean Vergès, *L'Autonomie de l'établissement public local d'enseignement*, Paris, Berger-Levrault, 2011, p. 211. Dans ce qui suit, je m'inspire largement de ce travail passionnant, dont je reprends analyses et citations.
5. Cf. Léon Bourgeois, « Lettre aux membres du personnel administratif et enseignant des lycées et des collèges » (5 juillet 1890). Octave Gréard, « Mémoire sur l'esprit de discipline dans l'éducation », présenté au Conseil académique le 26 juin 1883. Jules Simon, circulaire du 27 septembre 1872, cité par Jean-Paul Delahaye, « Aux origines de l'autonomie des établissements », in J.-P. Delahaye *et al.*, *L'Autonomie de l'établissement public local d'enseignement*, *op. cit.*, p. 18.
6. La réforme de 1902 réorganise l'enseignement secondaire autour de deux cycles : après quatre années de tronc commun (6e-3e) venaient

deux années de préparation du premier bac, avec quatre options – A: latin-grec, B: latin-langues, C: latin-sciences, D: langues-sciences, cette dernière section représentant l'option moderne. L'obtention du premier bac donnait droit à préparer la seconde partie du bac (mathématiques élémentaires et philosophie). Cette organisation fut discutée à la Chambre des députés du 12 au 14 février 1902, et mise en application en mai de la même année. « Incluant la réorganisation des établissements, des études et des examens », elle « établit l'égalité des études dites auparavant "classiques" et "modernes", sanctionnées dorénavant par un baccalauréat unique constitué de plusieurs options; la carte des disciplines est renouvelée et les contenus et méthodes d'enseignement sont redéfinis », Évelyne Hery, « La réforme pédagogique des lycées en 1902 », *Carrefours de l'éducation*, n° 41, 2016, p. 31-46. Elle persista jusqu'à la fin des années 1960.

7. Entre autres choses, la séparation des budgets des externats et des internats.
8. Lettre adressée par le ministre de l'Instruction publique au président de la Commission de l'enseignement de la Chambre des députés, en janvier 1902, *Bulletin administratif du ministère de l'Instruction publique*, n° 1504, 1er février 1902, p. 97 *sq*.
9. Circulaire du 7 juillet 1890, *Bulletin administratif du ministère de l'Instruction publique*, n° 913, 12 juillet 1890, p. 29-30.
10. Lettre adressée par le ministre de l'Instruction publique au président de la Commission de l'enseignement de la Chambre des députés, janvier 1902, *Bulletin administratif du ministère de l'Instruction publique*, n° 1504, 1er février 1902, p. 97 *sq*., et *Bulletin administratif du ministère de l'Instruction publique*, 20 septembre 1884.
11. Il démissionna de ce poste en 1873. On lui doit la proposition d'une école primaire obligatoire et la fameuse formule: « Il n'y a pas d'école neutre, parce qu'il n'y a pas d'instituteur qui n'ait une opinion religieuse ou philosophique. »
12. Jean-Paul Delahaye donne comme référence: Ferdinand Buisson (dir.), *Nouveau Dictionnaire de pédagogie et d'instruction primaire*, Paris, Librairie Hachette, 1911, article « Lycées et collèges ».
13. « Mémoire sur l'esprit de discipline dans l'éducation », présenté au Conseil académique, séance du 26 juin 1888, cité par J.-P. Delahaye,

L'Autonomie de l'établissement public local d'enseignement, *op. cit.*, p. 18. Toutefois, il faut aussi rappeler qu'Octave Gréard a également mis en place une scolarité primaire à étapes, la pratique des « programmes concentriques » (consistant à revenir tous les ans sur l'apprentissage des savoirs fondamentaux) et les trois grandes divisions de l'organisation pédagogique, ce qui témoignerait d'une certaine directivité (*Éducation et instruction. Enseignement primaire*, Paris, Hachette, 1887, p. 81-82).

14. Circulaire relative au plan d'études de l'enseignement secondaire classique du 13 septembre 1884, *Bulletin administratif du ministère de l'Instruction publique*, 20 septembre 1884.
15. *Ibid.*, cité par J.-P. Delahaye, *L'Autonomie de l'établissement public local d'enseignement*, *op. cit.*, p. 18.
16. Lettre concernant la participation des professeurs à la direction générale de l'enseignement des lycées et collèges, 27 juin 1898, *Bulletin administratif du ministère de l'Instruction publique*, n° 1325, 30 juillet 1898, p. 412.
17. *Ibid.*
18. Voir la circulaire du 27 septembre 1872 adressée par Jules Simon aux proviseurs, trente ans plus tôt, cf. p. 48-49.
19. Cf. décret du 31 mai et du 7 août 1902.
20. Il y est en particulier indiqué que les chefs d'établissement ont des responsabilités à l'égard des enseignants : ménager leur temps, préserver leur liberté par respect pour leur travail de préparation et de renouvellement des cours.
21. Jean Zay, qui fut ministre de l'Éducation nationale et des Beaux Arts avant d'être assassiné par la milice, joua en cela un rôle majeur : il prolongea l'obligation scolaire jusqu'à quatorze ans et substitua à une organisation verticale où rivalisaient des ordres d'enseignement une organisation horizontale où se succèdent des degrés.
22. Il faut citer ici le plan Langevin-Wallon, une opportunité manquée. En novembre 1944, le ministre de l'Éducation nationale du gouvernement provisoire de Charles de Gaulle créa une « Commission ministérielle d'études pour la réforme de l'enseignement », composée de dix-neuf membres et présidée par le physicien Paul Langevin et le professeur de psychologie Henri Wallon, le premier, membre, le

second, proche, du PCF, dans le but de recréer un système éducatif démocratique devant mettre fin au clivage entre le cursus « populaire » (écoles primaires élémentaires et cours élémentaires) et le cursus « bourgeois » (lycées et collèges). Remis trop tard, au printemps 1947, alors que les conditions politiques avaient changé, le projet ne sera ni discuté par le gouvernement ni présenté devant le Parlement. Pourtant, ses recommandations devinrent une référence, et furent pour beaucoup appliquées dans les décennies qui suivirent. À l'exception de celles ayant trait à la vie des élèves et à la pratique pédagogique, souvent pionnières : vingt-cinq élèves par classe, respect des rythmes biologiques de l'enfant, revalorisation du travail manuel, accès de chacun à une solide culture, liberté pédagogique, individualisation de l'enseignement.

23. Les disciplines d'éveil instaurées dans le cadre du tiers-temps pédagogique en 1964 devaient permettre aux enseignants d'aborder différemment les sciences, l'histoire et la géographie, en éveillant la curiosité des élèves, et d'utiliser les ressources locales.

24. Louis Cros, *L'Explosion scolaire*, Comité universitaire d'information pédagogique, 1961.

25. Cf. Association d'étude pour l'expansion de la recherche scientifique, *Pour une école nouvelle : formation des maîtres et recherche en éducation*, Actes du colloque national d'Amiens, mars 1968, Paris, Dunod, 1969, p. 185, cité par J.-P. Delahaye, *L'Autonomie de l'établissement public local d'enseignement*, *op. cit.*, p. 25.

26. Voir p. 46-47.

27. Déjà en 1962, les chefs d'établissement n'étaient pas considérés comme des personnels administratifs mais comme des personnels de direction à responsabilités administratives et pédagogiques, qui relevaient à ce titre « non du statut de droit commun de la fonction publique, mais du statut propre à la fonction enseignante » (circulaire du 3 avril 1962, *Bulletin officiel de l'Éducation nationale*, n° 15, 9 avril 1962, signée Jean Cappelle, citée par J.-P. Delahaye, *L'Autonomie de l'établissement public local d'enseignement*, *op. cit.*, p. 24 et 25).

28. Comme en témoigne à titre indicatif le décret du 12 novembre 1968 sur l'enseignement supérieur.

29. Les dix-huit enseignants qui s'étaient rassemblés autour de ce projet avaient reçu carte blanche pour créer un lycée expérimental cogéré afin de remédier à l'échec scolaire et de rassembler les élèves et les professeurs qui ne se sentaient pas à l'aise dans l'enseignement traditionnel. Gabriel Cohn-Bendit, qui se présentait comme « un infatigable militant de l'éducation alternative, libéral-libertaire », y enseigna jusqu'en 1987. Il rejoignit ensuite le Conseil national de l'innovation pour évaluer les méthodes pédagogiques de quatre lycées expérimentaux qui avaient été créés en France. Des expériences pédagogiques furent menées dans plusieurs établissements de la région Rhône-Alpes dès les années 1960.
30. *Le Figaro*, 28 mai 2004, et entretien dans *Le Point*, 20 mai 2015, à propos de la réforme du collège.
31. Alain Madelin, *Pour libérer l'école. L'Enseignement à la carte*, Paris, Robert Laffont, 1984.
32. Milton Friedman, « The Role of Government in Education », dans Robert A. Solo (éd.), *Economics and the Public Interest*, New Brunswick, NJ, Rutgers University Press, 1955.
33. Celle-ci a été instaurée en 1963, elle permet l'affectation d'un élève dans un collège ou un lycée général ou technologique correspondant à son lieu de résidence.
34. Cette mesure figurait dans le programme de Jean-Marie Le Pen et de Philippe de Villiers en 2007. Il faut citer aussi la fondation APPROCHE (Association pour la promotion du chèque éducation et la défense de la liberté pédagogique des parents et des enseignants). Parmi les défenseurs de la liberté scolaire, il faut citer la Fondation pour l'école, l'IREF, SOS Éducation et la Fondation Kairos.
35. Cf. p. 46-47.
36. Voir J.-P. Delahaye, *L'Autonomie de l'établissement public local d'enseignement*, *op. cit.*, p. 30.
37. Loi d'orientation sur l'éducation (n° 89-486 du 10 juillet 1989). Six ans plus tôt, la loi du 22 juillet 1983 avait disposé que les collèges, lycées et établissements publics spéciaux seraient désormais des établissement publics locaux d'enseignement (EPLE), dotés d'un conseil d'administration décisionnaire (le terme local voulait prendre en compte les mesures récentes de décentralisation) et présidé par le chef

d'établissement, lequel restait lui-même désigné par un représentant de l'État. Cette loi fut mise en application avec toute sa portée par la loi du 25 janvier 1985 et celle du 30 août 1985.

38. « Un projet d'école ou d'établissement est élaboré avec les représentants de la communauté éducative », il est adopté sur proposition de l'équipe pédagogique de l'école ou du conseil pédagogique de l'établissement pour ce qui concerne sa partie pédagogique, pour une durée comprise entre trois et cinq ans, par le conseil d'école ou le conseil d'administration.
39. Dans les annexes au titre II de la loi il est dit que les responsables d'un établissement « doivent pouvoir disposer d'une marge de manœuvre dans la gestion de leur dotation afin que les équipes pédagogiques puissent concevoir des actions pédagogiques et des parcours scolaires favorisant la réussite de tous. Le travail en équipe et les projets de classe permettront une plus grande transversalité. Cette marge de manœuvre doit permettre, sur la base du volontariat, des expérimentations pédagogiques, des regroupements d'élèves, du travail transversal et pluridisciplinaire, des projets collectifs, etc. Ces expérimentations devront être évaluées ».
40. Loi n° 2013-595 du 8 juillet 2013 d'orientation et de programmation pour la refondation de l'école de la République.
41. Inspection générale de l'Éducation nationale et Inspection nationale de l'Administration de l'Éducation nationale et de la Recherche, « L'autonomie des établissements scolaires : pratiques, freins et atouts pour une meilleure prise en compte des besoins des élèves », rapport annuel 2019.
42. Voir J.-P. Delahaye, *op. cit.*, p. 28 et 37.
43. De manière révélatrice, la note que France Stratégie fit paraître en décembre 2016, sous le titre « Quelle autonomie pour les établissements scolaires ? », rappelait bien que dans la plupart des pays européens les écoles primaires étaient beaucoup plus autonomes que chez nous ; elle soulignait aussi, en s'appuyant sur de nombreuses données, que les systèmes éducatifs qui ont les meilleurs résultats, y compris en termes d'égalité, sont ceux qui jouissent d'une forte autonomie. Elle recommandait d'accorder des marges de manœuvre accrues aux chefs

d'établissement dans le cadre d'une modulation des moyens, ce que les lois votées en 2005 et 2013 instituaient déjà, mais, tout en en mentionnant la possibilité, elle semblait exclure en revanche que les écoles autonomes puissent se gérer selon un mode d'auto-organisation.

44. Il faut aussi citer le premier rapport publié par l'Institut Montaigne, en décembre 2001 : « Vers des établissements scolaires autonomes », ainsi que les publications de l'IFÉ (Institut français de l'éducation, ENS Lyon), qui présentent une palette de positions sur le sujet de l'autonomie ; l'autonomie des établissements scolaires fait également l'objet de critiques répétées dans les notes du *Café pédagogique*. Voir aussi l'étude de Charles Feuillerade, « L'école de la liberté : initiative, autonomie et responsabilité », publiée en janvier 2012 par la Fondation pour l'innovation politique.
45. Ces questions valent surtout pour le second degré. Dans l'enseignement primaire, le directeur n'est pas un supérieur hiérarchique et n'a aucun pouvoir d'évaluation et de notation des professeurs des écoles.

3. Pourquoi l'autonomie ? (p. 83-121)

1. Cf. Philippe Aghion et Élie Cohen, *Éducation et croissance*, Paris, La Documentation française, 2004, p. 27-34.
2. Sur le contexte politique dans lequel fut votée la réforme des écoles libres en Suède, voir p. 125-126 et 128-132.
3. Sur les *free schools* en Angleterre, voir p. 177-180.
4. Sur les *charter schools*, voir p. 159-161.
5. Un réseau d'éducation prioritaire (REP) associe un collège et une ou plusieurs écoles primaires dont les élèves, le plus souvent issus de milieux populaires, rencontrent des difficultés d'ordre scolaire et/ou social (en 2020, on comptait 1 094 « réseaux »). On ne parle plus de ZEP (zones d'éducation prioritaire) depuis la rentrée 2015, et les lycées n'y sont plus intégrés. Le taux de catégories socioprofessionnelles défavorisées, le taux d'élèves boursiers, ou ayant redoublé avant la 6e, figurent parmi les critères du classement en REP.
6. Cf. M. Canto-Sperber, *L'Oligarchie de l'excellence. Les meilleures études pour le plus grand nombre*, Paris, PUF, 2017.

7. Sur les enquêtes PISA, voir *supra*, p. 237, n. 4.
8. Voir p. 74.
9. Des constats comparables peuvent être faits à propos de l'école primaire, et cela, alors que les conditions de vie des enfants habitant dans des milieux très défavorisés y sont d'autant plus difficiles et les inégalités scolaires encore plus vivement ressenties qu'il n'existe pas de bourses nationales pour les élèves du CP au CM2 (même si certains départements accordent des aides aux enfants défavorisés et si une allocation de rentrée scolaire est versée aux familles pour les enfants à partir de six ans ; dans l'enseignement secondaire, 25 % des élèves au collège disposent de bourses).
10. Sur ces différents éléments, voir p. 96-98.
11. Cf. *supra*, p. 238, n. 9.
12. Je dois cette référence à Marc Loison.
13. Cette somme d'argent virtuelle couvrant le coût annuel de l'éducation ne concernait que les élèves scolarisés dans le système public – il n'y avait à ce moment-là en Suède quasiment pas d'écoles privées – et correspondait en partie à la suggestion de Milton Friedman, évoquée plus haut, de créer des « chèques éducation » ou des « bons scolaires » (cf. p. 64-67).
14. C'est en ce sens que la proposition de créer une diversité d'offres éducatives publiques, d'abord avancée par des libéraux, avec l'inévitable mise en concurrence qui en résulterait, n'avait ni pour but ni pour conséquence de dévaloriser la gestion ou les méthodes éducatives mises en œuvre par la puissance publique.
15. La manifestation du 24 juin 1984 a réuni près de deux millions de personnes à Paris (dont Simone Veil et Jacques Chirac) pour exprimer leur refus « d'une société totalitaire ». Elle était une réaction au vote de la loi Savary par l'Assemblée, qui prévoyait d'intégrer les écoles privées « dans un grand service gratuit, unifié et laïc » de l'Éducation nationale, avec pour condition l'intégration des maîtres de l'enseignement privé dans la fonction publique. Moins d'un mois après cette manifestation, François Mitterrand annonça le retrait du projet de loi, ce qui provoqua la démission de Pierre Mauroy et d'Alain Savary, qui étaient alors respectivement Premier ministre et ministre de l'Éducation nationale.

16. Direction de l'évaluation, de la prospective et de la performance, *Repères et références statistiques, édition 2021*, juillet 2021, p. 29.
17. D'après le registre publié sur le site de la Fondation pour l'école, les écoles hors contrat à la rentrée 2021 sont au nombre de 1530, et scolarisent 75 000 élèves. Rappelons qu'au total 12,4 millions d'enfants sont scolarisés dans le public et le privé.
18. 17 % de ces écoles sont catholiques et 4 % musulmanes, mais il est difficile d'obtenir des données précises sur le nombre d'élèves étudiant dans des écoles hors contrat musulmanes aujourd'hui (il en existerait une soixantaine, en tout cas déclarées comme telles, et elles recevraient 8,8 % des 75 000 élèves scolarisés dans les établissements indépendants).
19. Alors que les classes bi-langues permettaient à 16 % des élèves de 6e et de 5e d'apprendre deux langues vivantes, dès le début du collège donc, l'apprentissage de la deuxième langue n'étant possible qu'à partir de la 4e pour les autres élèves, la réforme du collège appliquée pour la première fois à la rentrée 2016 supprima ces classes tout en généralisant l'apprentissage d'une deuxième langue en 5e.
20. Le pari de la loi de 2007 était que des institutions autonomes, sensibles aux particularités des situations, aux besoins des étudiants et aux demandes de l'environnement économique, et surtout responsables de leur politique scientifique, se montreraient capables de réactivité et d'adaptation, et auraient de meilleures performances en recherche et en éducation que des institutions pilotées par l'État. De fait, depuis une dizaine d'années, les universités françaises ont renforcé leur présence internationale.
21. Cf. décret 2015-372 du 31-3-2015 : « Socle commun de connaissances, de compétences et de culture » (présentant ce que tout élève doit savoir et maîtriser à seize ans, il rassemble l'ensemble des connaissances, compétences, valeurs et attitudes nécessaires pour réussir sa scolarité, sa vie d'individu et de futur citoyen). À la différence de l'institution universitaire où existe une multiplicité de filières et de cursus.
22. La politique d'éducation prioritaire (en particulier les réseaux « Éclair ») a cherché à s'engager dans cette voie, cf. *supra*, p. 238-239, n. 9.

4. L'autonomie des établissements scolaires en Europe : retours d'expérience et enseignements (p. 123-195)

1. Cf. Ph. Aghion et É. Cohen, *Éducation et croissance*, *op. cit.*, p. 27-34.
2. Sur le contexte politique de la réforme des écoles libres en Suède, voir p. 125-126 et 128-132.
3. Dès 2012, une dizaine d'années après la réforme des *free schools*, les médias suédois eux-mêmes constataient que la Suède était en tête de la diversification du secteur public scolaire.
4. Cf. G. Francia, « L'enseignement en Suède : D'une école pour tous à une école pour chacun », in François Baluteau, Vincent Dupriez et Marie Verhoeven (dir.), *Entre tronc commun et filières, quelle école commune ? Étude comparative*, Louvain-la-Neuve, Académia/L'Harmattan, 2018, p. 203-236.
5. Cf. Communiqué de presse daté du 10 février 2022 du ministre chargé de l'Éducation : https://www.regeringen.se/pressmeddelanden/2022/02/tydligare-och-mer-likvardig-resursfordelning-till-skolor/http://www.regeringen.se/pressmeddelanden/2022/02/tydligare-och-mer-likvardig-resursfordelning-till-skolor/.
6. Mais les résultats de PISA 2018 ont été contestés en raison du fait que de nombreux élèves avaient été écartés de l'évaluation, ce qui jette un doute sur la fiabilité des tests, cf. https://sverigesradio.se/artikel/too-many-students-excluded-from-taking-pisa-test-report-finds. Une polémique a surgi, après le recueil de plusieurs témoignages suggérant que des jeunes immigrés, arrivés en Suède depuis plus d'un an, n'avaient pas été autorisés à participer aux tests (alors que la règle est que seuls les élèves arrivés en Suède depuis moins d'un an pouvaient en être écartés) dans le but supposé d'améliorer les moyennes nationales en lecture, mais il semble que la réticence à inclure ces élèves ait eu d'autres causes (cf. V4 Agency : « Swedes may have rigged PISA test results », 4 juin 2020).
7. Cf. p. 142-145, sur les facteurs permettant de mettre en perspective les mauvais résultats des écoles libres suédoises au début des années 2010.
8. Dès 1842, est mis en place le système scolaire public suédois obligatoire.

9. À l'exception, pour les immigrés, de cours de langue suédoise et de cours de langue maternelle et, pour tous, de matières optionnelles, l'élève ayant toutefois un choix de filières et d'options, seulement à la fin de sa scolarité.
10. Ces mesures ont touché l'ensemble des services publics et elles auraient, selon plusieurs commentateurs, provoqué la transition d'un modèle de démocratie sociale à un modèle de démocratie centré sur l'individu, la démocratie locale et le transfert du pouvoir de l'État aux acteurs locaux.
11. Avec un système très décentralisé organisé autour de 21 comtés et de 29 municipalités.
12. Réforme portée par le social-démocrate Göran Persson, ministre de l'Éducation de 1989 à 1991.
13. C'est au chef d'établissement qu'il incombait d'établir le budget de l'établissement et d'arbitrer entre les priorités (Dan Collberg, « Quelle identité pour les chefs d'établissement ? La Suède entre décentralisation et recentralisation », *Revue internationale d'éducation de Sèvres*, n° 60, septembre 2012, p. 117-128).
14. Malgré les grèves qu'ils menèrent alors, après la réforme, ils ne dépendaient plus de la direction nationale de l'enseignement scolaire.
15. Cf. p. 62-66.
16. Cf. p. 136-139 et 146-152.
17. Gabriel H. Sahlgreen, « Regulation and funding of independent schools. Lessons from Sweden, Vancouver : Fraser Institute », 1996 (https://www.fraserinstitute.org/sites/default/files/regulation-and-funding-of-independent-schools-lessons-from-sweden.pdf).
18. Ces établissements n'étaient pas sous la supervision directe de la puissance publique (État ou commune), et quasiment tous avaient été créés par des associations et coopératives de parents et d'enseignants, ou par des communautés religieuses.
19. Dans les grandes villes suédoises (Stockholm, Malmö et Göteborg). Voir Bernadette Plumelle, « L'Éducation en Suède », *Revue internationale d'éducation de Sèvres*, n° 39, septembre 2005, p. 139-146.
20. Il existe certes dans notre pays des formes de délégation partielle de services publics à des acteurs privés, même en matière d'éducation, mais de manière très limitée et sans financement global.

21. Par exemple pour des enfants dont la langue maternelle n'était pas le suédois ou qui souhaitaient une formation artistique ou sportive.
22. Celui qui contribua le plus à la diffusion de cet ensemble d'idées dans la société suédoise fut Per Magnus (surnommé « Peje ») Emilsson. Membre actif du parti modéré (conservateurs et libéraux) et proche de son président Carl Bildt, il dirigeait alors la principale agence de relations publiques, Kreab, qui multiplia les sondages sur la liberté de choix des parents et orchestra une forme de campagne médiatique en faveur de la création d'établissements dits « indépendants ». Elle inspira fortement celle des écoles libres lorsque le parti modéré arriva au pouvoir en octobre 1991 et que Carl Bildt devint Premier ministre. Présenté aujourd'hui comme l'architecte de cette réforme des écoles libres, « Peje » créa en 1999 le *Kunskapsskolan*, un groupe d'écoles indépendantes pour enfants de quatre à douze ans, et aussi pour adolescents.
23. Les démocrates (qui restèrent au pouvoir de 1994 à 2006) firent passer le financement des écoles libres de 85 % à 100 %.
24. En indiquant qu'en Suède le rôle des familles dans le pilotage de l'établissement est resté mineur, par rapport au Danemark et à la Norvège.
25. Cf. Susan Wiborg, « The big winners from Sweden's for profit "free" schools are companies, not pupils », *The Conversation*, 9 septembre 2014, et « Swedish Free Schools : Do they work ? », *LLAKES Research Papers*, 18, 2010.
26. Signe Bock Segaard, « Les écoles privées en Scandinavie. Réglementation publique et fragmentation », *Revue internationale d'éducation de Sèvres*, n° 76, décembre 2016, p. 103-114.
27. *Ibid.* Ce chiffre est global, il ne tient donc pas compte de la différence entre le secteur lucratif et le secteur non lucratif, qui ne comptait de toute façon qu'un très petit nombre d'écoles.
28. Cf. Dan Collberg, *op. cit.*, *supra*, p. 251, n. 13.
29. Susan Wiborg, M. Sanström et F. Berström, « School Vouchers in Practice : Competition won't hurt you ! », Stockholm, The Research Institute of Industrial Economics, 2002.
30. Anders Böhlmark et Mikael Lindahl, « The Impact of School Choice on Pupil Achievement, Segregation and Costs : Evidence from Swedish Voucher Reform », *IZA Discussion Paper*, n° 3691, 2007.

31. François Jarrau, « L'échec de la réforme éducative suédoise, une leçon pour Paris ? », *Espresso*, 5 mai 2015. L'auteur associe cette réforme à un accroissement des inégalités, en raison de la distribution homogène en matière de revenus qui montre la baisse des standards académiques, mais ses données semblent insuffisantes pour établir un tel résultat. Voir aussi Ray Fisman, « Sweden's School Choice Disaster », *Slate*, 15 juillet 2014.
32. Anne West, « What Swedish free Schools Reveal about Social Segregation », *The Conversation*, 26 mars 2014.
33. Cf. Kajsa Yang Hansen et Jan-Eric Gustafsson, « Identifying the key source of deteriorating educational equity in Sweden between 1998 and 2014 », *International Journal of Educational Research*, vol. 93, 2019, p. 79-90.
34. S. Wiborg, « Swedish Free Schools : Do they work ? », art. cité.
35. On peut en effet considérer que ce à quoi visait la création des écoles libres n'était pas montrer qu'elles étaient toujours meilleures que les écoles publiques, mais faire en sorte que les performances de l'ensemble du système public s'améliorent du fait de l'émulation entre différentes formes d'établissements.
36. S. B. Segaard, « Les écoles privées en Scandinavie », art. cité, p. 4.
37. « La notation précoce des élèves sème la zizanie en Suède », *Le Monde*, 6 novembre 2010. Et « L'évaluation des élèves par les enseignants dans la classe et les établissements. Une comparaison internationale dans les pays de l'OCDE », *Le Monde*, décembre 2014.
38. Sur les biais qui peuvent intervenir dans les calculs de ces résultats, voir p. 142-146.
39. Voir sur ce point le rapport du Sénat rédigé par Alain Lambert et Didier Migaud : « Politique et processus budgétaire de la Suède », 2006. Les universités et la recherche suédoises ont été à peu près épargnées par ces coupes, mais pas l'éducation primaire et secondaire.
40. A. West, « What Swedish free Schools Reveal about Social Segregation », art. cité.
41. S. Wiborg, « Swedish Free Schools : Do they work ? », art. cité.
42. Ray Fisman, « Sweden's School Choice Disaster », *Slate*, 15 juillet 2014, et Paula Blomqvist, « The Choice Revolution : Privatization of Swedish

Welfare Services in the 1990's», *Social Policy and Administration*, vol. 38, n° 2, 2004, p. 139-155.

43. Susanne Wiborg, «The big winners from Sweden's for-profit "free" schools are companies, not pupils», art. cité. Voir *Ead.*, «Neo liberalism and universal state education: the cases of Denmark, Norway and Sweden 1980-2011», *Comparative Education*, vol. 49, n° 4, 2013, p. 407-423. Voir aussi S. B. Segaard, «Les écoles privées en Scandinavie», art. cité, p. 4-6. Cf. Nafsika Alexiadou, Lisebeth Lundahl et Linda Rönnberg, «Shifting logics: Education and privatization the Swedish way», in Jane Wilkinson, Richard Niesche et Scott Eacott (éd.), *Challenges for Public Education: Reconceptualising Educational Leadership, Policy and Social Justice as Resources for Hope*, Londres et New York, Routledge, 2019, p. 116-131. Cf. aussi Frank Adamson, Björn Åstrand et Linda Darling-Hammond, «Privatization or public investment? A global question», in *Id.* (éd.), *Global Education Reform: How Privatization and Public Investment Influence Education Outcomes*, Londres et New York, Routledge, 2016, p. 1-15; et Björn Åstrand, «From citizens into consumers: The transformation of democratic ideals into school markets in Sweden», *ibid.*, p. 73-109.

44. Dans un tel contexte, le fait que la plupart des enquêtes d'opinion montrent que les familles sont plus satisfaites par les écoles à gestion privée que par les écoles gérées par le public reste un sujet d'étonnement. Les raisons de cette préférence n'ont pas été étudiées de manière rigoureuse, mais on peut penser qu'elles ont trait surtout à la liberté de choix.

45. «Nous ne voulons pas interdire les bénéfices, mais les limiter. Nous devons faire avec la réalité d'aujourd'hui. Nous nous trouvons face à de puissants lobbys qui font tout pour éviter une limitation» (Ardalan Shekarabi, ministre de l'Administration publique, 2018, cf. Violette Goarant, «En Suède, au nom de la liberté de choix», *Le Monde diplomatique*, 1er septembre 2018). Cf. Linda Rönnberg, Nafsika Alexiadou, Malin Benerdal *et al.*, «Swedish free school companies going global: Spatial imaginaries and movable pedagogical ideas», *Nordic Journal of Studies in Educational Policy*, vol. 8, n° 1,

2022, p. 9-19. Cf. aussi : Lisbeth Lundahl, « L'éducation en Suède, un secteur d'activité rentable », trad. Sylvaine Herold, *Revue internationale d'éducation de Sèvres*, vol. 82, n° 3, 2019, p. 66-76 ; et Linda Rönnberg, Joakim Lindgren et Lisebeth Lundahl, « Education governance in times of marketization : The quiet Swedish revolution », in Roman Langer et Thomas Brüsemeister (dir.), *Handbuch Educational Governance Theorien*, Wiesbaden, Springer, 2019, p. 711-727.

46. Cf. S. B. Segaard, « Les écoles privées en Scandinavie », art. cité, p. 4-6.

47. Cf. Lisebeth Lundahl, Anne-Lise Arnesen et Jón Torfi Jónasson, « Justice and marketization of education in three Nordic countries : Can existing large-scale datasets support comparisons ? », *Nordic Journal of Studies in Educational Policy*, vol. 4, n° 3, 2018, p. 120-132. Cf. aussi Lisbeth Lundahl, « Marketization of the Urban Educational Space », *Springer International Handbooks of Education*, vol. 2, Cham, Springer, 2017, p. 671-693.

48. Dans le système public suédois, municipal et donc décentralisé, l'uniformité salariale prévaut ; en revanche, les marges de manœuvre qu'a le directeur, représentant de l'employeur, sont théoriquement importantes dans le système libre public, cf. D. Collberg, « Quelle identité pout les chefs d'établissement ? », art. cité, p. 6-7.

49. A. Fredriksson, « On the Consequences of the Marketisation of Public Education in Sweden : For-Profit Charter Schools and the Emergence of the "market-oriented" Teacher », *European Educational Research Journal*, vol. 8, n° 2, 2009, p. 299-310.

50. Le programme était fondé sur la présomption que « se donner des standards élevés et des objectifs mesurables pourrait améliorer les résultats individuels en éducation ». C'est pourquoi, si des évaluations régulières mettaient en évidence les défaillances d'un établissement scolaire et qu'un tel constat était répété pendant cinq années de suite, un plan de restructuration complet de l'école était envisagé. Parmi les options d'évolution alors disponibles, il était possible soit de transformer l'école en *charter school*, en recrutant une entité privée pour la gérer, soit de demander aux services d'éducation de l'État de la prendre directement en charge.

51. Les *charter schools* se multiplièrent, surtout après 2009 où, à la faveur d'une politique de décentralisation, les *board* et *principals* des *charter schools* devinrent responsables de l'organisation de leur établissement, sur la base d'un projet pour cinq ans, dont l'agrément pouvait être renouvelé et où figuraient des objectifs de performance des élèves, mais aussi des dispositions imposant la fermeture des écoles en échec et le droit des parents d'inscrire leurs enfants où ils le souhaitaient.
52. Cf. Fast facts, US National Center for Education Statistics, Department of Education, 2020, Preprimary, Elementary, and Secondary Education, Public Charter School Enrollment.
53. Le premier relevait d'un *school district*, le second d'un *county board.*
54. Une de ces études, parmi les plus citées, portait sur des *charter schools* de Chicago et montrait un effet positif d'une scolarité de deux ans au moins dans une *charter school* sur les performances en mathématiques et en lecture : Caroline Hoxby et Jonah E. Rockhoff, « The impact of charter schools on student achievement », *NBER Papers*, 2004.
55. Cf. étude CREDO, Stanford University, 2009.
56. Albert Cheng, Collin Hitt, Brian Kisida et Jonathan N. Mills, « "No Excuses" Charter Schools : A Meta-Analysis of the Experimental Evidence on Student Achievement », *Journal of School Choice*, vol. 11/2, 2017, p. 209-238.
57. Sarah Cohodes *et al.*, « Charter School Demand and Effectiveness : A Boston Update », The Boston Foundation, NewSchools Venture Fund, octobre 2013, p. 11.
58. Dennis Epple *et al.*, « Charter schools, a survey of research on their characteristics and effectiveness », *NBER Working Paper*, n° 21256 (disponible sur google scholar). Ce travail se réfère aux études CREDO de Stanford, celle de 2013 étant plus positive que celle de 2009. En 2009, 17 % des *charter schools* ont de meilleurs résultats que les écoles témoins, et 31 % font moins bien. En 2013, ce sont 29 % des *charter schools* qui obtiennent de meilleurs résultats, tandis que 19 % en ont de plus mauvais.
59. Les loteries n'évitent pas l'autosélection, dans la mesure où les parents qui inscrivent leur enfant dans une *charter school* sont plus susceptibles que les autres de vouloir qu'il fasse de bonnes études.

60. C'est la capacité de combler ce qu'on désigne par le *achievement gap*, cf. Sarah Cohodes, «Charter Schools and the Achievement Gap», *Policy Issue*, Princeton-Brookings, *The Future of Children*, 2018. Cette étude se sert d'une méthodologie qui associe *lottery based* et *observational estimates* sur un groupe aléatoire de *charter schools*, puis sur un groupe d'écoles accueillant des élèves issus des minorités et venant de milieux défavorisés, qui revendiquaient une pédagogie *no excuses*. Ces études permettaient également d'observer un effet positif sur les écoles du voisinage dépendant de la puissance publique (p. 12-14).
61. Matthew Davis et Blake Heller, «"No Excuses" Charter School and College Enrollment: New Evidence from a High School Network in Chicago», Association for Education Finance and Policy, septembre 2015.
62. Joanne W. Golann et A. Chris Torres, «Do no-excuses disciplinary practices promote success?», *Journal of Urban Affairs*, vol. 42/4, 2019, p. 617-633.
63. Joshua D. Angrist, Susan M. Dynarski, Thomas J. Kane, Parag A. Pathak et Christopher R. Walters, «Inputs and Impacts in Charter Schools: KIPP Lynn», *The American Economic Review*, vol. 100, n° 2, mai 2010, p. 239-243.
64. Mark Zuckerberg, PDG de Facebook, a conclu un partenariat avec le maire de Newark (New Jersey). Il a aussi donné 500 000 dollars à un *charter school funding* et mis en place une fondation Startup Education pour créer des *charter schools*.
65. À titre indicatif: Theresa Harrington, «California State Board of Education Denies Rocketship Charter School Expansion Bid», *Highlighting Strategies for Student Success*, 7 septembre 2018.
66. Sur ces exemptions ou facilités fiscales, voir Valérie Strauss, «Why Hedge Funds love Charter Schools?», *The Washington Post*, 4 juin 2014.
67. Les promoteurs immobiliers louent des locaux aux *charter schools* et perçoivent des bénéfices. Ce sont en effet les *real estate investors* qui montrent le plus vif intérêt dans les *charter schools*, à titre d'investissement garanti, comme la compagnie Northstar Commercial Partners, qui rachète des vieux bâtiments, les réhabilite puis les loue à des *char-*

ter schools, cf. Peter Grant, « Charter-School Movement Grows – for Real-Estate Investors : New Niche develops as more charter schools open doors : some states help with financing », *Wall Street Journal*, 13 octobre 2015.

68. https//openyls.law.yale.edu : bitsream/handle/20500.13051/4013/Note For Profit et Nonprofit Charter Schools An Agency Costs Approach.
69. Karl Zinsmeister, *From Promising to Proven : A Wise Giver's Guide to Expanding on the Success of Charter Schools*, Washington DC, The Philanthropy Roundtable, 2014.
70. Emma Brown, « Are Charter Schools Public or Private », *The Washington Post*, 4 février 2015.
71. Décision du *National Labor Relations Board*, relative aux conditions d'emploi de salariés de *charter schools* à Chicago, prononcée en 2013.
72. Est donc assuré le *Pupil Premium*, qui désigne un mode de financement forfaitaire et modulable selon l'origine sociale des élèves, dans le but de donner plus de chances aux élèves issus de milieux défavorisés et donc de résorber l'écart entre l'attention dont bénéficient les élèves élevés dans des environnements privilégiés et celle portée aux autres.
73. Cf. Denis Eudoxe, Laetitia Strauch, *Royaume-Uni, l'autre modèle ? La Big Society de David Cameron et ses enseignements pour la France, synthèse*, Institut de l'entreprise, 2014, p. 52 : les grandes orientations de la *Big Society* consistant à transférer des compétences du gouvernement et des administrations aux citoyens et aux collectivités locales.
74. *Office for Standards in Education, Children's Service and Skills*, qui fut d'abord un organisme public avant d'être privatisé dès les années 1990.
75. Désormais habilitées à être le *sponsor* d'une *free school* en partenariat avec une autre organisation dans certaines conditions.
76. Et cela avant même la création des *free schools* : cf. Richard Garner, « The Rise of American-Style Charter Schools in England », *The Atlantic*, 13 janvier 2016.
77. Dans le cas d'écoles qui dépendent des autorités locales *(LEA)*, le conseil des *governors* est piloté par l'autorité locale (et aussi des parents et des enseignants). Les autorités locales ont des représentants dans le *board* des *academies* mais ne sont plus à elles seules décisionnaires.
78. C'est le cas pour la Batley Grammar School dans le West Yorkshire.

79. Dès 2011, on comptait déjà près de 400 écoles transformées en *academies.*
80. Cf. Bobbie Mills, Emily Hunt, Jon Andrews, *Free schools in England, 2019 reports*, Education Policy Institute, 2019, p. 47, pour des indications intéressantes sur le type de populations qui fréquentent les *free schools*, ou bien qui en restent éloignées (proportion d'élèves vivant dans les zones ONS, définies selon l'Office of National Statistics, et qui sont éligibles au repas gratuit en raison des faibles ressources de leur famille). Les différentes catégories répertoriées correspondent aux groupes sociaux et économiques tels que les définit cet office. Cela concerne les *free schools* d'enseignement secondaire, non les écoles primaires.
81. Cf. Caroline Hall, « New Research shows Free Schools boost performance of local school », *Policy Exchange*, 9 mars 2015. Source : Bobbie Mills, Emily Hunt et Jon Andrews, *Free schools in England, 2019 report*, Education Policy Institute, 2019, p. 52-53.
82. Même si ces dernières ne jouaient aucun rôle dans la stratégie éducative (la loi interdisant aux entreprises privées *for profit* de gérer une école), elles assuraient un ensemble de services, souvent hébergés dans des entités associées.
83. De manière générale, les acteurs privés *for profit* sont très visibles en Angleterre, cf. Peter Wilby, « Private companies will run "Free Schools" », *The Guardian*, 25 mai 2010 (l'article, écrit quelques mois avant le lancement de la réforme, exprime les craintes qu'elle suscitait). La *Harris Federation* est, quant à elle, « une association philanthropique d'éducation dirigée et encadrée par des enseignants », elle ouvrit sa première école en 1991 et a conduit à la création de plus d'une cinquantaine d'*academies* (niveau primaire et secondaire) à Londres et dans l'Essex : elle forme des milliers de professeurs par an, issus de la *Harris Federation* et d'ailleurs.
84. Le département de l'Éducation, qui dépendait alors de Michael Gove, accorda une subvention de 500 000 livres à l'association que Rachel Wolf avait créée dans le but d'aider des parents à fonder une *free school*, et cela sans appel d'offres ni publicité, et alors que cette dernière avait été dans les années précédentes la collègue du ministre.

5. Pour l'autonomie des écoles publiques françaises (p. 197-230)

1. Émile Durkheim, *Éducation et Sociologie*, 1922, chapitre 1, 4.
2. Voir p. 44-45.
3. L'administration centrale supervise l'ensemble du système, définit les programmes, diligente les inspections et surtout affecte les enseignants.
4. Sur les difficultés que pose une réforme d'autonomie des écoles primaires, voir p. 213-216.
5. Davantage, des valeurs particulières peuvent être mises en avant. Non des valeurs religieuses car l'éducation publique en France, nationale et laïque, ne le permet pas, mais, à titre d'exemple, des valeurs d'inclusion ou de diversité. L'autonomie permet également d'introduire des orientations éducatives particulières (par exemple, l'importance de l'enseignement des langues en Suède, dans les écoles fréquentées par une forte proportion d'immigrés, ou encore une formation à la citoyenneté, à l'action en faveur de l'environnement, à l'entreprenariat).
6. Les critiques de la mesure soulignent l'état de la fragmentation dans lequel se trouve le système scolaire du fait de la création des *free schools* (cf. Signe Bock Segaard, « Les écoles privées en Scandinavie. Réglementation publique et fragmentation », *Revue internationale d'éducation de Sèvres*, n° 76, décembre 2017, p. 103-114) et de l'autonomie qui leur est laissée.
7. En 1990, seules les écoles gérées par le public étaient entièrement financées ; cinq ans après, qu'elles soient gérées par le public ou par des entités lucratives, elles l'étaient pareillement. Cela concerne la Suède. Au Danemark et en Norvège, la très grande majorité des écoles sont gérées par des groupes à visée non lucrative.
8. Le terme d'écoles laboratoires avait été utilisé par le président de la République, Emmanuel Macron, à Marseille, en septembre 2021.
9. Parallèlement, la possibilité pourrait être offerte à toutes les écoles de disposer d'une plus grande autonomie pédagogique selon le degré qu'elles souhaiteraient et qui leur paraîtrait justifié, qu'elles l'envisagent comme un assouplissement de leurs pratiques ou, à terme, comme une étape préalable à l'obtention d'un statut d'école publique autonome.
10. Comme c'est le cas avec les *charter schools* américaines.

11. Une possibilité serait que les trois quarts de l'enseignement soient consacrés aux mathématiques et au français et que les heures d'enseignement pour chacune de ces deux disciplines puissent passer de dix heures à onze heures hebdomadaires.
12. Voir l'exemple de l'entité *non profit* New School Network en Angleterre, venue en appui à la création des *free schools*, cf. p. 194. Voir la suggestion de France Stratégie, « Quelle autonomie pour les établissements scolaires », France Stratégie, décembre 2016. La méthode de travail de cette entité pourvoyeuse de services est de ne pas se contenter de positions de principe ou de pressentiment pour fonder la décision publique, mais de s'appuyer sur l'évaluation d'impact. « Une évaluation d'impact réussie vise à établir la situation qu'aurait connue la société en l'absence de la politique évaluée. Cette situation fictive, aussi appelée contrefactuelle, permet, en la comparant à la situation effectivement observée, de déduire une relation de causalité entre l'intervention publique et un indicateur jugé pertinent (la santé, l'emploi, l'éducation, etc.). »
13. Cf. p. 169-170.
14. Lors de la campagne présidentielle de 2022, la candidate LR avait inclus dans son programme l'obligation de l'obtention d'une avis favorable du maire de la commune avant la décision d'une fermeture de classes.
15. Dans l'éducation primaire, l'État fixe les programmes nationaux et prend en charge le recrutement, la formation et la rémunération des personnels enseignants. Le directeur d'école, nommé parmi ces derniers, veille au respect de la réglementation et au déroulement des enseignements au sein de l'école. La commune est propriétaire des locaux scolaires et en assure la construction, la reconstruction, l'extension, les grosses réparations, l'équipement et le fonctionnement. Elle gère également certains personnels non enseignants qui travaillent à l'école, notamment ceux qui s'occupent de l'entretien et du service de restauration. Par ailleurs, ces derniers peuvent aussi négocier avec les municipalités les rythmes scolaires. À titre d'exemple, le projet éducatif « Espaces ludiques en milieu scolaire » consiste à proposer aux élèves, au sein des écoles, des espaces spécifiques leur permettant de jouer librement. C'est un dispositif adapté à l'aménagement des rythmes scolaires, pour mieux vivre ensemble et favoriser la réussite scolaire.

16. Une possibilité serait de transformer les circonscriptions avec inspecteur de l'Éducation nationale en EP du premier degré, ce qui donnerait l'équivalent d'une personnalité morale au niveau de la circonscription, les responsabilités restant exercées localement dans chaque école. Mes remerciements vont à Tanneguy Larzul.
17. Cf. article 86 de la loi du 13 août 2004. Au-delà de ces recommandations générales, il s'agissait alors de regrouper, au niveau d'une commune ou d'une communauté de communes, des écoles primaires de coopération intercommunale, afin de « permettre, notamment en milieu urbain, d'assurer une plus grande mixité sociale entre (...) écoles sociologiquement différentes, et de favoriser notamment la mutualisation des moyens en faveur des élèves les plus en difficulté ». En milieu rural, le but de la loi était de réunir des écoles de petites tailles pour former un seul établissement éclaté, avec le souhait de créer une émulation pédagogique dépourvue de sens pour les petites écoles en milieu rural, et aussi de « mutualiser les moyens humains, pédagogiques et financiers au bénéfice des élèves et créer un véritable statut d'emploi pour les directeurs d'EPEP ».
18. Cf. note précédente.
19. Aux États-Unis, la clause du *no excuses* place la barre très haut et suppose un engagement fort.

Conclusion (p. 231-233)

1. Elles consistaient le plus souvent en privilèges liés à des ordres (noblesse, clergé), à des offices ou encore à des corporations.
2. Les études qui établissent l'efficacité de l'autonomie sont difficiles à interpréter car leurs résultats varient en raison des différentes formes d'autonomie étudiées. Il en ressort toutefois que si une autonomie du type *free schools* à la suédoise présente des résultats contrastés en termes d'efficacité et d'égalité, en revanche, des établissements autonomes pour lesquels l'État définit, en association avec les responsables des écoles, les objectifs éducatifs et les exigences du *curriculum* présentent un taux plus élevé de réussite des élèves, cf. Jaap Scheerens et Ralf Maslowski, « Autonomie des établissements scolaires : des moyens à la recherche d'un objectif », *Revue française de pédagogie*, n° 164, juillet-septembre 2008, p. 27-36.

Remerciements

Mes remerciements vont à ceux avec lesquels j'ai pu mettre à l'épreuve et approfondir les idées exposées ici sur l'autonomie scolaire. En premier lieu, les membres de GénérationLibre, en raison de leurs suggestions et de leurs commentaires. En particulier, Kevin Brookes et Baptiste Gauthey, et aussi Christophe Seltzer et Maxime Sbaihi. Ensuite, Philippe Aghion et les groupes de discussion qui, dans le cadre de la campagne de Valérie Pécresse à l'élection présidentielle de 2022, ont débattu de ces idées, en particulier Max Brisson qui en était le responsable. Et parmi les lecteurs de ce texte, Agathe Cagé et Tanneguy Larzul.

Table

Du même auteur

*L'Intrigue philosophique. Essai sur l'*Euthydème *de Platon. Précédé d'une traduction inédite*, Paris, Les Belles Lettres, 1987.

Ménon de Platon (traduction inédite, introduction et notes), Paris, Flammarion, G.F., 1991.

Les Paradoxes de la connaissance. Essais sur le Ménon *de Platon* (dir.), Paris, Odile Jacob, 1991.

La Philosophie morale britannique, Paris, PUF, 1994.

Dictionnaire d'éthique et de philosophie morale (dir.), Paris, PUF, 1996 ; 4e édition complétée, 2004.

Philosophie grecque (dir.), Paris, PUF, 1997 ; 2e édition, 1998.

L'inquiétude morale et la vie humaine, Paris, PUF, 2001.

Le Style de la pensée. Recueil d'hommages à Jacques Brunschwig (en co-dir. avec Pierre Pellegrin), Paris, Les Belles Lettres, 2002.

Éthiques grecques, Paris, PUF, 2001.

Les Règles de la liberté, Paris, Plon, 2003.

Éthique et philosophie morale, avec Ruwen Ogien, Paris, PUF, 2004.

Éthiques d'aujourd'hui (dir.), Paris, PUF/Éditions Rue d'Ulm, Paris, 2004.

Le bien, la guerre et la terreur, Paris, Plon, 2005.

Faut-il sauver le libéralisme ?, Paris, Grasset, 2006.

Le libéralisme et la gauche, Paris, Grasset, 2009.

Naissance et Liberté (avec René Frydman), Paris, Plon, 2010 ; édition de poche, Hachette, 2011.

Vies et destins, Paris, Textuel, 2010.

Que peut l'éthique ? Paris, Textuel, 2010.

L'Idée de guerre juste, Paris, PUF, 2010.

Pour une morale internationale, Paris, PUF, 2010.

L'Oligarchie de l'excellence, Paris, PUF, 2017.

La Fin des libertés ou comment refonder le libéralisme, Paris, Robert Laffont, 2019.

Sauver la liberté d'expression, Paris, Albin Michel, 2021.

Éditions Albin Michel
22, rue Huyghens, 75014 Paris
www.albin-michel.fr
Impression : Normandie Roto Impression s.a.s.
ISBN : 978-2-226-47433-9
N° d'édition : 24996/01
N° d'impression : 2203654
Dépôt légal : septembre 2022
Imprimé en France